Ruth Laing

Schmusetier und Kuscheldecke

Spielsachen und Accessoires zum Nähen

Bassermann Inspiration

Impressum

ISBN 978-3-572-08137-0

1. Auflage

Projektkoordination dieser Ausgabe: Dr. Iris Hahner
Umschlaggestaltung: Atelier Versen, Bad Aibling
Gesamtproducing: Ruth Laing
Zeichnungen: Ruth Laing, Franziska Laing
Herstellung: Sonja Storz

Druck und Bindung: Druckerei Theiss,
St. Stefan im Lavanttal

Printed in Austria

MIX
Papier aus verantwortungsvollen Quellen
FSC® C012536
www.fsc.org

Verlagsgruppe Random House FSC® N001967
Das für dieses Buch verwendetes FSC®-zertifizierte Papier *Profimatt* liefert Sappi, Ehingen.

Inhalt

Vorwort 5
Gut zu Wissen 6
Babydecke mit Kissen 8
Schnullerkette 12
Windeltäschchen 14
Schlafsack 18
Schmusetuch 22
Lätzchen 26
Waschlappen 28
Badehandtuch 30
Bodys 33
Schmuseeule 34
Bärenduo 38
Bettwäscheset 42
Bettwurm 46
Mini-Utensilo 48
Kindergartentasche 52
Puppentragetasche 56
Kissen mit Aufdruck 60
Puppenkleider 62
Kummerfreund 66
Eulencollage 69
Matroschkas 70
Bärenschlafsäcke 72
Gläschendeko 75
Patchworkdecke 76
Kinderschürze 78
Spielzeugsack 82
Mini-Wäscheleine 85
Schnittmuster 86

Vorwort

Liebe Leserinnen und Leser,

in diesem Buch finden Sie eine Vielzahl von kreativen Nähideen rund ums Baby und Kleinkind.

Hierbei handelt sich um Projekte, die sich teilweise schnell umsetzen lassen, Sie finden aber auch zahlreiche Modelle, auf die sich die geübte Hobbynäherin freuen darf.

Das Buch ist so aufgebaut, dass Sie auf den vorderen Seiten Modelle für Babys finden, die hinteren Seiten beinhalten Nähanleitungen für Kleinkinder. Das Buch „wächst" also mit und Sie haben hoffentlich lange Freude daran.

Viel Spaß beim Nähen!

Ihre

Ruth Laing

Gut zu wissen

1. Schnittmuster

Auf den Seiten 86 bis 95 finden Sie alle ***Schnittmuster,*** die Sie für die Umsetzung der Modelle in diesem Buch benötigen. Die Nahtzugaben von 1 cm sind bereits angezeichnet. Sie können das Schnittmuster also direkt auf den Stoff legen und das Schnittteil entlang der äußeren Kontur zuschneiden.

2. Schablonen

Manche Schnittmuster dienen auch als ***Schablone***. Entweder übertragen Sie die Kontur mit Schneiderkreide auf den Stoff oder Sie umnähen den Papierschnitt und erhalten somit die gewünschte Form.

3. Zuschnitt

Unter der Rubrik ***Zuschnitt*** finden Sie alle Angaben über die Schnittteile, die Sie zur Umsetzung eines Modells benötigen. Teilweise müssen Sie sich die Schnittmuster aus den Schnittmusterseiten herauskopieren, manchmal werden aber auch nur rechteckige Stoffstücke gebraucht, deren Maße Sie dieser Rubrik entnehmen können. Beachten Sie, aus welchen Materialien und wie häufig die einzelnen Teile zugeschnitten werden müssen. Bei der Angabe von größeren Stoffstücken wird immer von einer Stoffbreite von 1,40 m ausgegangen.

4. Stoffkanten versäubern

Auch die Schnittmuster und Maßangaben von rechteckigen Schnittteilen beinhalten ***1 cm Nahtzugabe***. Die Stoffkanten müssen immer mit einem Zick-Zack-Stich umnäht werden, damit der Stoff nicht ausfranst. Dies ist in den Nähanleitungen nicht nochmals erwähnt. Nur Schnittteile, die verstürzt oder mit Schrägband eingefasst werden, müssen nicht versäubert werden.

5. Bügeln

Nach jeder Naht sollten die Nahtzugaben auseinandergebügelt werden. Beim Verstürzen von Schnittteilen werden die Nahtzugaben auf wenige Millimeter zurückgeschnitten, in den Rundungen eingeschnitten und das Teil gewendet. Die Kanten werden flachgebügelt.

Gut zu wissen

6. Volumenvlies und Vlieseline

Sehr dünne Stoffe kann man durch ***Aufbügeln*** eines Einlagenstoffes (Vlieseline) auf die Rückseite des Stoffes verstärken. Das Aufnähen oder Aufbügeln von Volumenvlies lässt den Stoff plastischer aussehen. Beides gibt es von unterschiedlichen Herstellern n verschiedenen Breiten, für die unterschiedlichsten Einsatzbereiche und natürlich auch in unterschiedlichen Qualitäten. Lassen Sie sich im Stoffgeschäft beraten.

7. Rechte und Linke Stoffseite

Jeder Stoff hat eine ***rechte und eine linke Stoffseite***. Bei der rechten Stoffseite handelt es sich um die „Vorderseite", also die Seite, die man später sieht. „Rechts auf rechts" bedeutet demnach, dass die beiden rechten Stoffseiten beim Nähen aufeinandergelegt werden.

8. Bügeltransferfolie/Fototransferfolie

Zum Übertragen von Fotos, kleinen Illustrationen und Schriftzügen auf den Stoff verwendet man eine so genannte ***Bügeltransferfolie***. Hierbei handelt es sich um ein beschichtetes Papier, welches man in jeden Tintenstrahldrucker einlegen und bedrucken kann. Durch Downloaden, Einscannen, Kopieren und Ausdrucken wird das Bild auf die Folie übertragen. Das Motiv wird nach dem Ausdrucken gegebenenfalls ausgeschnitten und auf den später waschbaren Stoff aufgebügelt. Lesen Sie unbedingt die Informationen des Herstellers sehr sorgfältig durch.

9. Wachstuch oder beschichteter Baumwollstoff

Zum Nähen bestimmter Modelle empfiehlt sich die Verwendung von ***Wachstuch*** oder leicht ***beschichteter Baumwolle***. Diese können feucht abgeputzt werden und sind meist recht robust. Die Verarbeitung dieser Stoffe ist leider etwas komplizierter. In manchen Fällen wird der Stoff nicht gut von der Nähmaschine transportiert, was zu einem unregelmäßigen Stichbild führt. Hier sollten Sie entweder ein Spezialfüßchen (Lederfüßchen) einsetzen, etwas Seidenpapier beim Nähen unterlegen oder so nähen, dass sich die linke und unbeschichtete Seite des Stoffes auf der Stichplatte der Nähmaschine befindet.

Babydecke

Babydecke mit passendem Kissen

Diese Babydecke mit einer Rückseite aus weichem Baumwollplüsch wird Ihr Baby viele Jahre lang weich umhüllen. Wie beim Kopfkissen befindet sich auf der Vorderseite ein kleines appliziertes Schaf. Die Ohren werden verstürzt, die Augen mit einem einfarbigen Baumwollstoff appliziert. Geschlossen wird das extra flache Kopfkissen mit Druckknöpfen, als Inlett dient eine Schicht Volumenvlies.

Material

Baumwollstoff: 120 cm
Plüsch: 170 cm
Volumenvlies: 37 cm x 47 cm
Vliesofixrest
Nähgarn
Stickgarn
Stopfnadel
5 Druckknöpfe

Decke
130 cm x 85 cm

Kopfkissen
37 cm x 47 cm

Zuschnitt

Decke

Aus Baumwollstoff
Mittelteil/Vorderseite: 116 cm x 71 cm

Aus Plüsch
Rückseite: 135 cm x 90 cm
Obere/untere Blende: 10 cm x 89 cm
Linke/rechte Blende: 118 cm x 10 cm

Applikation
Kopf/Plüsch (2): 13 cm x 13 cm
4 x Ohr (1): 9 cm x 12 cm
2 x Auge (3): 5 cm x 5 cm
2 x Pupille (4): 2,5 cm x 2,5 cm

Kopfkissen

Aus Baumwollstoff
Mittelteil/Vorderseite: 39 cm x 29 cm
4 Blenden: 40 cm x 7 cm

Applikation
Kopf (8): 13 cm x 13 cm
4 Ohr (7): 9 cm x 12 cm
2 Auge (9): 5 cm x 5 cm
2 Pupille (10): 2,5 cm x 2,5 cm
4 Bein (5): 12 cm x 8 cm
Rumpf/Plüsch (6): 26 cm x 21 cm

Aus Plüsch
Obere Rückseite: 51 cm x 31 cm
Untere Rückseite: 51 cm x 28 cm

Inlett

Dickes Volumenvlies: 37 cm x 47 cm

So wird's gemacht
Kopfkissen

1. Applikation: Die grob zugeschnittenen Stoffrechtecke für Rumpf, Beine, Gesicht, Augen und Pupillen rückseitig mit Vliesofix bekleben. Die Schnittteile 5–10 (Seite 86) kopieren und wie beschriftet seitenverkehrt aus den jeweiligen Stoffstücken zuschneiden. Anschließend das Trägerpapier abziehen.

2. Ohren: Für die Ohren jeweils die zwei rechteckigen Stoffstücke rechts auf rechts legen. Das Schnittmuster mit Nadeln darauf feststecken und entlang der äußeren Kontur aufeinandernähen. Die Nahtzugaben auf 2–3 mm zurückschneiden und die Ohren wenden. Die Nahtzugaben flach bügeln.

3. Den Rumpf mittig, 6 cm unterhalb der oberen Kante auf dem Mittelteil des Kissens feststecken. Danach werden die Beine unter den Rumpf geschoben, dabei sollten die Vorderbeine etwas länger als die Hinterbeine sein (siehe Foto). Die Schnittteile durch ein Bügeltuch hindurch heiß fixieren und mit einem kleinen, dicht und eng eingestellten Zick-Zack-Stich entlang der Kanten applizieren.

4. Den Kopf laut Markierungen auf das Schnittteil legen, die Ohren ebenfalls laut Schnittbogenmarkierungen unterschieben und knappkantig festnähen. Dann Augen und Pupillen auf den Kopf aufbügeln und ebenfalls mit einem Zick-Zack-Stich aufsteppen. Zum Aufnähen der Pupillen empfiehlt sich schwarzes Nähgarn.

5. Das Maul des Schafes sticken (siehe Foto).

6. Vorderseite: Zunächst die obere und untere Blende, anschließend die linke und rechte Blende an das Mittelteil nähen, den überstehenden Stoff bündig abschneiden. Die Nahtzugaben flachbügeln.

7. Rückseite/Knopfleiste: An beiden Rückseitenteilen jeweils eine lange Seite 6 cm nach innen umschlagen und 5 cm breit feststeppen.

8. Das größere Schnittteil 5 cm überlappend auf dem kleineren Schnittteil feststecken (Knopfleiste).

9. Vorder- und Rückseite des Kissens nun mittig rechts auf rechts aufeinandernähen, die Rückseite ist dabei etwas größer. Anschließend alle Nahtzugaben auf 1 cm zurückschneiden und versäubern. Das Kissen wenden und die Kanten flach bügeln.

10. Die 5 Druckknöpfe gleichmäßig verteilt einschlagen, wie in der Packungsbeilage beschrieben. Das Volumenvlies in den Bezug schieben und die Druckknöpfe schließen.

So wird's gemacht Decke

1. Die Schnittteile 1–4 (Seite 86) kopieren und wie beschriftet seitenverkehrt aus den jeweiligen Stoffstücken zuschneiden. Dann das Schaf applizieren und seine Ohren verstürzen, wie bei den Punkten 1, 2, 4, 5 der Kopfkissenanleitung beschrieben.

2. Zunächst die linke und rechte Blende, anschließend die obere und untere Blende an das Mittelteil der Decke nähen. Überlänge der Blendenteile passgenau abschneiden. Die Nahtzugaben flachbügeln.

3. Vorder- und Rückseite der Decke rechts auf rechts aufeinandernähen, die Rückseite ist dabei etwas größer und wird anschließend passgenau abgeschnitten. Lassen Sie an einer Seite eine ca. 25 cm lange Öffnung zum Wenden frei. Die Nahtzugaben auf 1 cm zurückschneiden. Die Decke wenden, die Kanten flach bügeln und die Öffnung mit einigen Handstichen zunähen.

4. Vorder- und Rückseite der verstürzten Decke mit Nadeln aufeinander feststecken. Die beiden Stofflagen füßchenbreit, innerhalb des Mittelteils und entlang der Blendenkanten, ringsum aufeinander festnähen.

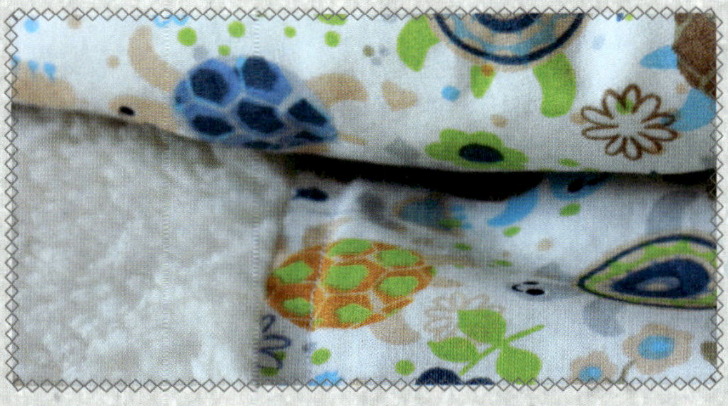

1

2

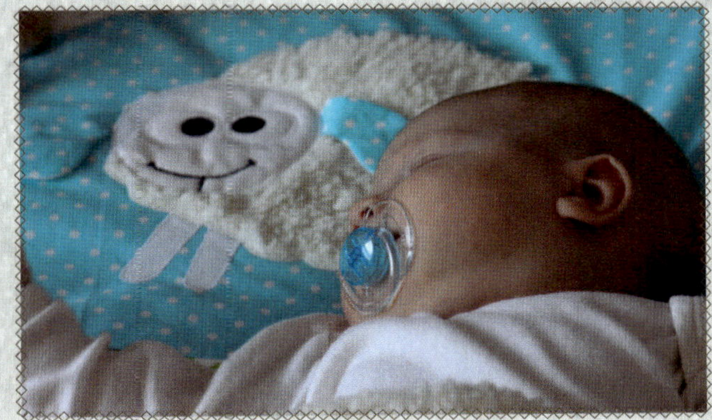

Schnullerkette

Diese Schnullerketten sind im Nu fertig und dafür sind kaum Nähkenntnisse erforderlich. Die wenigen Materialien sind schnell besorgt oder lassen sich vielleicht noch im eigenen Nähkästchen finden. Zur Befestigung des farbenfrohen Bandes an der Kleidung dient ein Hosenträgerclip, den man in jeder Kurzwarenabteilung kaufen kann.

Serienproduktion empfehlenswert!

So wird's gemacht

1. Zunächst das vorgefalzte Schrägband kurz überbügeln und das Webband mittig mit Nadeln darauf feststecken. Das Webband überdeckt die offenen Stoffkanten des Schrägbandes.

2. Das Webband an beiden langen Seiten knappkantig festnähen.

3. Das Satinband quer zur Hälfte falten und die offenen Enden auf die Rückseite der Schnullerkette riegeln.

4. Diese Kante nun zweimal knappkantig einschlagen und festriegeln.

5. Die andere Schmalseite des Bandes durch den Hosenträgerclip schieben, die offene Kante nach innen ziehen und ebenfalls festriegeln.

6. Den Filzrest mit einer Zackenschere zu einem Kreis zuschneiden, die Applikation sorgfältig aufbügeln und gegebenenfalls zusätzlich feststeppen. Anschließend mit einigen Handstichen direkt unterhalb des Clips festnähen.

Material

Schrägband: 30 cm
Webband: 30 cm
Satinband: 10 cm
Filzrest: 5 cm x 5 cm
Applikation
Hosenträgerclip, ca. 3 cm breit

Windeltäschchen

Praktisch und immer griffbereit

Dieses praktische Täschchen bietet ausreichend Platz für eine Windel und eine kleine Packung Feuchttücher. So ist man für den Notfall gerüstet, wenn man das Haus nur kurz verlassen will. Da die Windeltasche aus Wachstuch genäht wurde, ist sie besonders robust und abwaschbar. Zum Nähen von Wachstuch gibt es einige nützliche Hinweise, die Sie beachten sollten. Informieren Sie sich auf Seite 7.

Material

Wachstuch: 30 cm x 75 cm
Schrägband: 1 m/1,5 cm
Faltenrüsche: 20 cm
Zackenlitze: 30 cm
Hosenträgerclip
Papprest

Fertige Größe

15 cm x 25 cm

Zuschnitt

Innenteil: 28 cm x 14 cm
Außenteil: 28 cm x 46 cm
Wachstuchrest: 8 cm x 14 cm
2 Schrägbänder/Einfassung: je 28 cm
Schrägband/Verschluss: 30 cm
Schrägband/Verschluss: 9 cm
Pappkreis: Ø 4,5 cm
Wachstuchkreis, Ø 7,5 cm

So wird's gemacht

1. Das 30 cm lange Schrägband durch den Clip fädeln. Das schmale Ende 2–3 cm nach innen einschlagen und feststeppen.

2. Das Schrägband samt Hosenträgerclip mittig auf das größere Schnittteil nähen.

3. Die 28 cm langen Schrägbänder zum Einfassen links auf links bügeln.

4. Eines der beiden Bänder um eine lange Seite des kleinen Innenteils legen und knappkantig feststeppen.

5. Das zweite Schrägband an die kurze Seite des Außenteiles nähen, die dem Hosenclip gegenüber liegt.

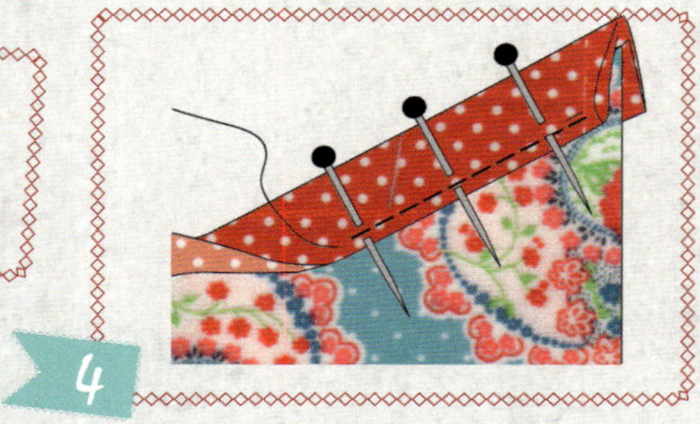

6. Nun wird in das Innenteil der Windeltasche das Loch zum Herausziehen der Feuchttücher eingearbeitet. Hierzu mit einem Bleistift mittig ein 4 cm x 9 cm großes Rechteck auf die linke Seite des Wachstuchrestes zeichnen. Dann diesen Rest rechts auf rechts auf das Innenteil nähen. Die fertige Öffnung sollte sich mittig und ca. 3,5 cm oberhalb der unteren Kante des Innenteils befinden.

7. Das Wachstuch innerhalb der Stepplinie herausschneiden und die Ecken bis an den letzten Stich einschneiden.

8. Den Wachstuchrest zur Rückseite hin wenden und mit dem Fingernagel oder einem Bügeltuch und Bügeleisen fixieren. Dann die Zackenlitze knappkantig aufnähen.

So wird's gemacht

9. Das 9 cm lange Schrägband für den Verschluss falten, absteppen und dann auf das Schrägband des großen Wachstuchteils steppen. Der Hosenträgerclip liegt auf der gegenüberliegenden Seite.

9

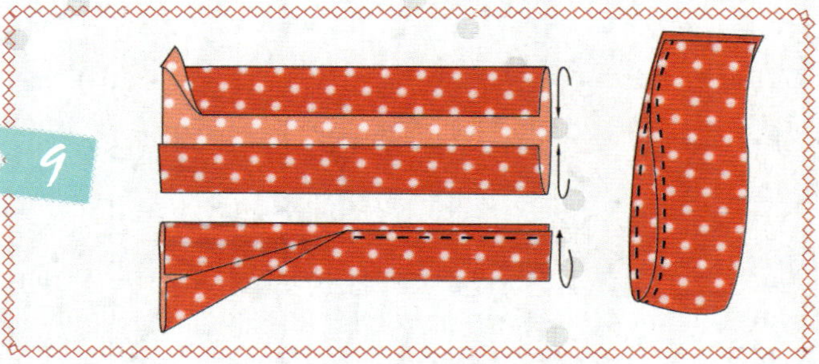

10. Nun das Innenteil rechts auf rechts auf das Außenteil stecken. Den oberen Teil der Außenseite anschließend ebenfalls rechts auf rechts falten, sodass die beiden eingefassten Kanten beider Schnittteile exakt aneinanderstoßen. Jetzt Innen- und Außenteil der Windeltasche an den Seiten und an der unteren Kante aufeinandernähen. Anschließend die Ecken schräg abschneiden und die Windeltasche nach rechts wenden. Alle Kanten mit dem Fingernagel glatt streichen oder vorsichtig überbügeln.

10

11. Für die Rosette wird der Kreis aus Wachstuch mit einer dicken Stopfnadel und einem sehr festen Zwirn oder Knopflochgarn umnäht. Dann wird der stabile Pappkreis (eventuell 2-lagig) in die Mitte des Wachstuch-Kreises gelegt und der Faden anschließend stramm gezogen. Die Fadenenden gut verknoten. Mit Flüssigklebstoff oder einer Heißklebepistole (Probe am Wachstuch durchführen), wird die zusammengenähte Faltenrüsche angeklebt und anschließend knapp oberhalb der Hosenträgerclips auf dem Schrägband befestigt.

11

Schlafsack

Hält auch den größten „Strampler" warm

Dieser Schlafsack wird mit Frottee gefüttert und hält die Kleinsten nachts sicher warm. In die Vorderseite wird ein Reißverschluss verdeckt eingenäht, an die obere Kante wird ein zusätzlicher Riegel mit Knopf angebracht, damit sich das Kind nicht selbstständig ausziehen kann.
Der Schlafsack ist nicht nur für die Allerkleinsten gedacht, hier passen auch größere Babys noch lange hinein.

Material

Baumwollstoff: 1 m
Frottee: 1 m
Vorgefalztes Schrägband: 1,7 m
Wäschereißverschluss: 70 cm
1 Knopf

Fertige Größe

82 cm x 60 cm

Zuschnitt

Baumwollstoff/Frottee
2 x oberes Vorderteil (11, Teile 1 und 2)
1 x oberes Rückteil (12, Teile 1 und 2)
2 x unteres Vorderteil, 32 cm x 67 cm
1 x unteres Rückteil, 62 cm x 67 cm

So wird's gemacht

1. Die Schnittteile 11–12 (Seite 95) kopieren, ausschneiden, die Papierschnitte aneinanderkleben und die Schnittteile aus den jeweiligen Stoffen zuschneiden. Für den Schlafsack werden Innen- und Außenseite einzeln genäht, dann links auf links ineinandergeschoben, die Kanten aufeinandergesteppt und mit Schrägbändern eingefasst. Es muss also jeder Arbeitsgang zweimal durchgeführt werden, einmal für die Außenseite aus Baumwollstoff und zusätzlich für die Frotteeinnenseite.

2. Die unteren Schnittteile sind breiter als die Oberteile und müssen deshalb in Falten gelegt werden. Dazu werden die entsprechenden Schnittteile passgenau übereinandergelegt und die Mehrweite mit Nadeln zu 3 Falten bzw. 6 Falten (Rückseite) gelegt. Die Falten zeigen immer zur Seitennaht und werden durch Übernähen fixiert. Anschließend werden oberes und unteres Schnittteil rechts auf rechts aneinander genäht. Die Nahtzugaben ins Oberteil bügeln.

3. Die beiden fertigen Vorderteilhälften rechts auf rechts aufeinanderlegen und durch Anlegen des Reißverschlusses die Länge markieren, die im unteren Teil zusammengenäht werden muss. Das Reißverschlussband sollte am Halsausschnitt bündig mit der oberen Stoffkante abschließen, es muss beim Einfassen mitgefasst werden. Anschließend die beiden Vorderteile von der Reißverschlussmarkierung bis zur unteren Kante aufeinandernähen. Die Nahtzugaben auseinanderbügeln.

4. Den Reißverschluss nun mit Nadeln unter die umgebügelten Kanten der Vorderteile aus Baumwollstoff stecken, vorheften und mit der Nähmaschine festnähen.

2

3

4

So wird's gemacht

5. Nun die Schulter- und Seitennähte sowie fortlaufend die untere Kante des Schlafsackes schließen. Nahtzugaben auseinanderbügeln. Die Schnittteile aus Frottee auf die gleiche Weise zusammennähen.

6. Außen- und Innenteil des Schlafsackes links auf links ineinanderstecken. Die Kanten am Hals- sowie an den Armausschnitten knappkantig (2–3 mm) aufeinandernähen.

7. Den Halsausschnitt und die Armausschnitte mit Schrägband einfassen, die Enden nach links einschlagen. Hier wurde das vorgefalzte Schrägband aufgeklappt und zunächst nur eine Seite rechts auf rechts an die Kanten genäht. Nach dem Überbügeln wird die andere Kante nach innen eingeschlagen und von Hand angenäht.

8. Die vordere Kante des Innenteils aus Frotte mit kleinen Handstichen am Reißverschlussband festnähen.

9. Für den Riegel wird ein ca. 9 cm breites Schrägband aufeinandergenäht und an der oberen Kante befestigt. Der Knopf muss auf der gegenüberliegenden Seite angenäht werden.

5

6

7

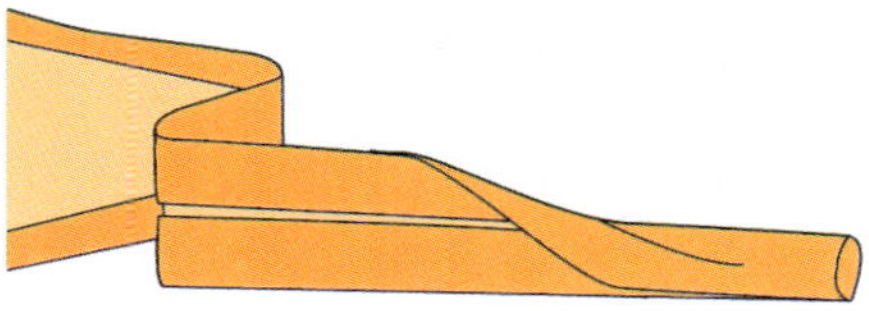

7

7

9

Schmusetuch

Immer dabei

Wenn dieses kleine Äffchen in Form eines Schmusetuches das Herz des kleinen Besitzers erobert hat, wird es mit Sicherheit der ständige Begleiter bei Tag und Nacht. Das Tuch ist aus verschiedenen Stoffresten und aus Frottee genäht, das ursprünglich ein Handtuch war. Mit Vliesofix, einem Trägerpapier mit Klebeschicht, gelingt das Applizieren im Nu.

Material

Baumwollstoffreste
Frotteereste (Handtuch)
Vliesofixrest
Stickgarn

Zuschnitt

Aus Baumwollstoff

1 x hinteres Kopfteil (13)
1 x oberes Gesichtsteil (15)
1 x unteres Gesichtsteil (14)
2 x Auge (16)
1 x Nase (17)
2 x großes Ohrenteil (18)
2 x lange Blende/Tuch: 5 cm x 23 cm
2 x kurze Blende/Tuch: 5 cm x 17 cm

Aus Frottee

1 x vorderes Kopfteil (13)
2 x großes Ohrenteil (19)
2 x kleines Ohrenteil (20)
1 x Mittelteil/Tuch, 17 cm x 17 cm
1 x Rückseite/Tuch, 23 cm x 23 cm

So wird's gemacht Kopf

Die Schnittteile 13–20 (Seite 89) kopieren und sorgfältig ausschneiden. Für den Zuschnitt der Gesichtsteile, die appliziert werden, muss die Stoffrückseite zunächst mit Vliesofix beklebt werden. Dann die Schnittmuster auf die Papierseite legen, die Konturen mit einem Bleistift umfahren und exakt ausschneiden. Das Trägerpapier abziehen und den Stoff mit der Klebeseite nach unten auf die entsprechenden Teile bügeln.

1. Die untere Gesichtshälfte (14) mit der linken Seite nach unten auf das vordere Kopfteil (13) legen. Das obere Gesichtsteil (15) sowie die Nase (17) ca. 1 mm darunter schieben, alle Teile festbügeln und mit einem kleinen und dicht eingestellten Zick-Zack-Stich aufnähen.

2. Die Augen aufbügeln und ebenfalls festnähen.

3. Das kleinere Ohrenteil mit Vliesofix bekleben und dann links auf rechts auf das große Ohrenteil kleben und festnähen.

4. Nun vorderes und hinteres Ohrenteil rechts auf rechts aufeinandersteppen. Dann die Nahtzugaben entlang der äußeren Rundung zurückschneiden und kleine Dreiecke bis zur Nahtlinie herausschneiden. Die Schnittteile nach rechts wenden. Die Kanten zwischen den Fingern glattrollen und überbügeln.

5. Die fertigen Ohren laut Zeichnung auf das vordere Kopfteil stecken.

6. Vorderes und rückwärtiges Kopfteil rechts auf rechts aufeinandernähen, an der oberen Kante eine 6 cm breite Öffnung lassen. Die Nahtzugaben auf 2–3 mm zurückschneiden. Den Kopf durch die Öffnung wenden, die Kanten bügeln. Die offene Naht mit einigen Handstichen schließen.

7. Den Mund laut Foto mit Knopfloch- oder Stickgarn aufsticken.

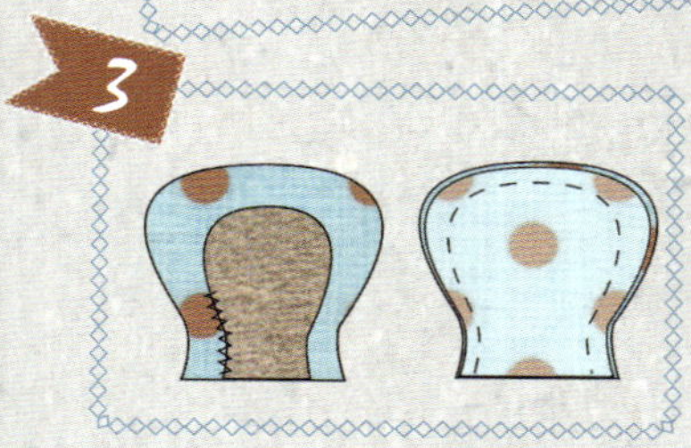

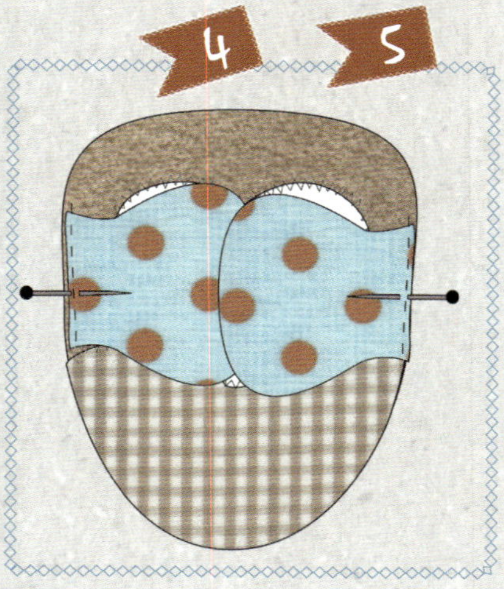

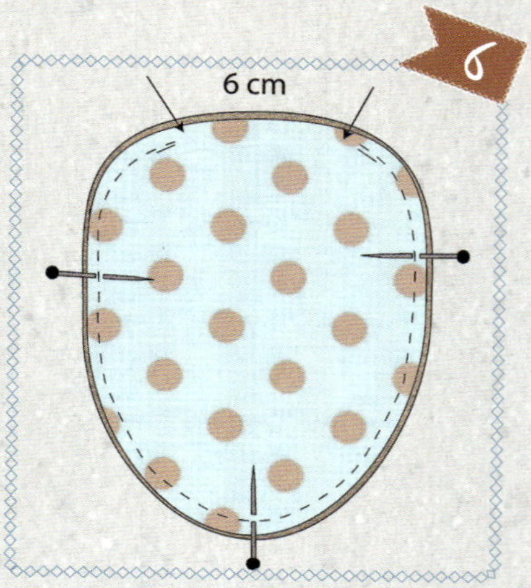

So wird's gemacht Tuch

1. Die kurzen Blenden rechts auf rechts an das Mittelteil nähen. Die Nahtzugaben in die Blenden bügeln.

2. Die langen Blenden ebenfalls rechts auf rechts an das Mittelteil nähen, die Nahtzugaben auch hier in die Blenden bügeln.

3. Die fertige Vorderseite rechts auf rechts auf die Rückseite steppen, dabei eine 9 cm breite Öffnung lassen. Die Nahtzugaben zurückschneiden, die Ecken schräg abschneiden. Das Teil wenden, die Kanten bügeln und die Öffnung mit einigen Handstichen zunähen.

4. Das fertige Tuch von Hand an die Rückseite des Kopfes nähen.

Lätzchen

Spätetestens wenn das Baby anfängt alleine zu essen oder man ihm den ersten Brei gibt, merkt man, dass man nie genug Lätzchen haben kann. Diese Variante besteht aus einem Baumwollstoff für die Vorderseite und aus einem Frotteerest für die Rückseite. Wer kein großer Freund vom Applizieren ist, kann auf die Vorderseite kleine, gekaufte Applikationen aufbügeln oder entscheidet sich einfach für einen farbenfrohen Stoff. Das Zuschneiden mehrerer Lätzchen lohnt sich!

Farbenfroh und schnell genäht

So wird's gemacht

1. Die Schnittteile 21–22 (Seite 90) kopieren, ausschneiden, an der Zusammensetzlinie aneinanderkleben.

2. Für die Herzapplikation einen Frotteerest mit Vliesofix bekleben. Das Schnittmuster (Herz/22) auf die Papierseite legen, die Kontur mit einem Bleistift umzeichnen und das Frotteeherz ausschneiden. Das Trägerpapier abziehen, das Stoffherz mittig auf das Lätzchenteil aufbügeln und mit einem kleinen und dicht eingestellten Zick-Zack-Stich umnähen.

3. Vorderes und rückwärtiges Lätzchenteil rechts auf rechts legen, die Teile ringsum aufeinandersteppen, dabei an der unteren Kante eine ca. 10 cm breite Öffnung zum Wenden offen lassen. Die Nahtzugaben auf 2–3 mm zurückschneiden und an den Rundungen vorsichtig bis zur Nahtlinie einschneiden.

4. Das Lätzchen durch die Öffnung wenden, die Kanten flachbügeln. Die Öffnung mit einigen Handstichen zunähen.

5. Die beiden Klettverschlusshälften an die obere Lätzchenkante nähen.

Material

Baumwollstoff: 35 cm x 40 cm
Frottee: 35 cm x 40 cm
Vlieseline: 35 cm x 40 cm
Klettverschluss: 4 cm
Vliesofixrest

Zuschnitt

Aus Frottee und Stoff
1 Lätzchen (21, Teile 1 und 2)

Nur aus Frottee
Herzapplikation (22)

Waschlappen

Diese Waschlappen mit maritimen Motiven sind im Nu genäht. Anstatt Frottee vom Ballen zu kaufen, genügt der Kauf eines schlichten Handtuches. Das Applizieren der Fische gelingt mit Vliesofix ganz einfach. Es handelt sich dabei um ein Trägerpapier mit Klebeschicht, das auf die linke Stoffseite gebügelt wird. Somit kann beim Applizieren nichts mehr verrutschen.

Schön maritim

So wird's gemacht

1. Eine der drei Vorlagen für die Applikation, Schnittteile 23–25 (Seite 86), kopieren und ausschneiden.

2. Die linke Seite des weißen Frotteerestes mit Vliesofix bekleben, das Schnittteil des Applikationsmotivs seitenverkehrt auflegen, die Kontur nachzeichnen und ausschneiden. Das Trägerpapier abziehen. Die Applikation ca. 12–13 cm unterhalb der oberen Waschlappenkante mittig aufbügeln und mit einem kleinen und dicht eingestellten Zick-Zack-Stich umnähen. Das Auge mit dickem, schwarzem Garn aufsticken.

3. Die oberen Kanten des Waschlappens 3,5 cm nach innen einschlagen und absteppen.

4. Über die Stepplinien die Webbänder aufnähen.

5. Für den Aufhänger das 9 cm lange Band mittig falten und auf die äußere Kante steppen.

6. Zum Schluss die Seitennähte aufeinandersteppen und den Waschlappen wenden.

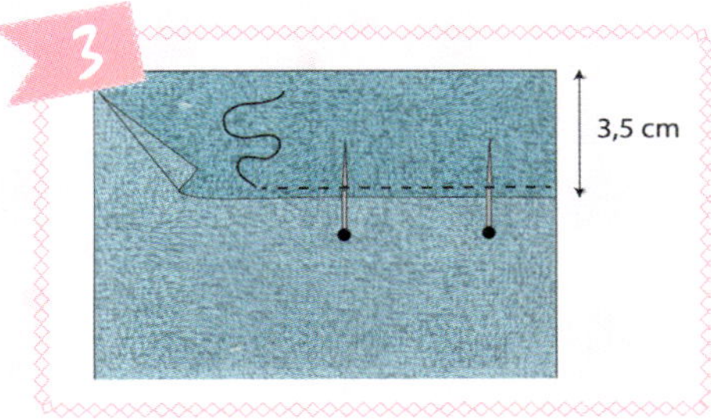

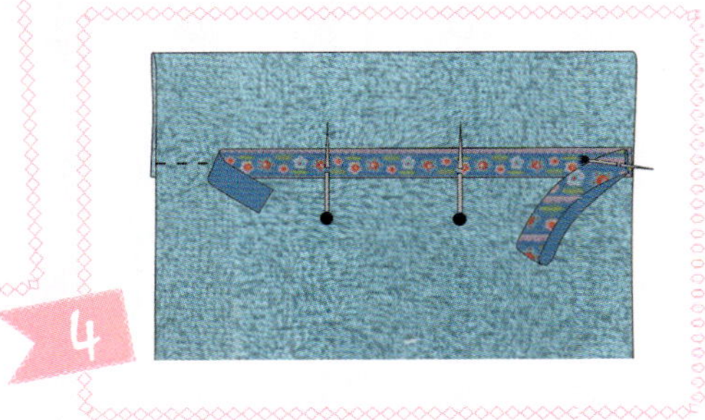

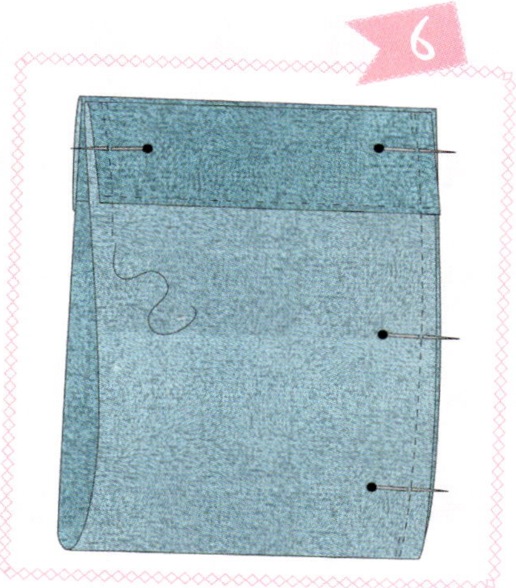

Material

Frottee: 49 cm x 17 cm
Frotteereste (Applikation)
Webbänder: 44 cm
Vliesofix
Knopflochgarn

Zuschnitt

2 Webbänder, 1 cm x 17 cm
Aufhänger, 1 cm x 9 cm

Badehandtuch

Je größer, desto besser

Dieses Badehandtuch ist nicht nur für die kleinen Babys gedacht. Es ist groß genug, dass auch ältere Kinder lange Freude daran haben. Der Frotteestoff wird mit einem farbenfrohen Baumwollstoff eingefasst, der in Streifen geschnitten und vorgebügelt wurde. Auf die Kapuze wird eine Applikation gebügelt. Wer gerne appliziert, hat hier ausreichend Platz für kreative Ideen.

Material

Frottee: 1,10 m x 1,45 m
Baumwollstoff: 1,20 m x 60 cm
Aufhänger: 6 cm x 24 cm
Applikation

Fertige Größe

110 cm x 110 cm

Aus Frottee
1 Handtuchteil: 1,10 m x 1,10 m
1 Kopfteil: Höhe 32 cm

Zuschnitt

Aus Baumwolle
2 Baumwollstreifen: 1,12 m x 10 cm
2 Baumwollstreifen: 1,14 m x 10 cm
1 Baumwollstreifen/Kapuze: 6 cm x 80 cm
1 Baumwollstreifen/Aufhänger 6 cm x 24 cm

So wird's gemacht

1. Zunächst das Kapuzenteil zuschneiden. Es hat eine Höhe von 32 cm und passt sich exakt den Ecken des Handtuches an.

2. ***Annähen der Blenden:***

a) Den Stoffstreifen zunächst an beiden langen Seiten 1 cm nach links umbügeln, dann nochmals über die gesamte Länge mittig links auf links falten. Den Streifen dabei so bügeln, dass die obere Kante ca. 1–2 mm versetzt zur unteren Kante liegt.
b) Den Frottee anschließend bis zur Bruchkante zwischen den vorgebügelten Stoffstreifen schieben, die schmalere Kante liegt dabei oben. Somit wird gewährleistet, dass beim Übersteppen die untere, breitere Kante auf jeden Fall mitgefasst wird.

3. Zunächst, wie oben beschrieben, die untere und längste Kante des Kapuzenteils einfassen. Die Länge aller Stoffstreifen wurde extra etwas länger bemessen, deshalb den überstehenden Stoff nach dem Einfassen immer bündig abschneiden.
Dann das Kapuzenteil knappkantig auf eine Ecke nähen.

4. Nun zwei gegenüberliegende Kanten des Handtuches einfassen, auch hier die überstehende Länge des Einfassstreifens abschneiden.

5. Zum Schluss die beiden letzten Seiten einfassen, hier werden Anfang und Ende des Baumwollstreifens 1 cm nach links eingeschlagen.

6. Für den Aufhänger den Streifen wie oben beschrieben vorbügeln und übersteppen. Die beiden Schmalseiten 1 cm nach links einschlagen. Den Aufhänger dann in der Ecke, oberhalb der Kapuze, fixieren und festriegeln.

7. Die Applikation mit einen Bügeltuch aufbügeln.

2a

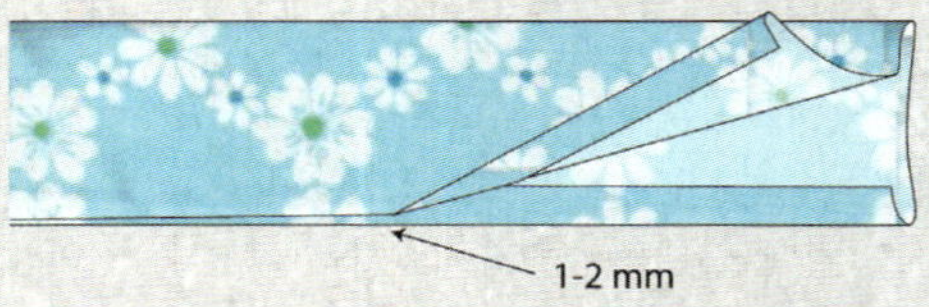

2a

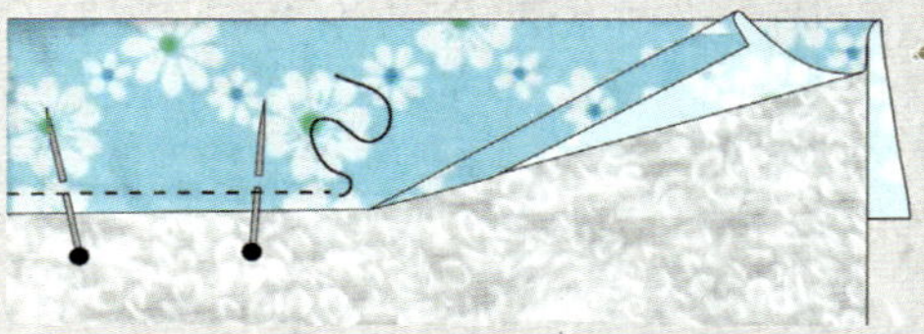
2b

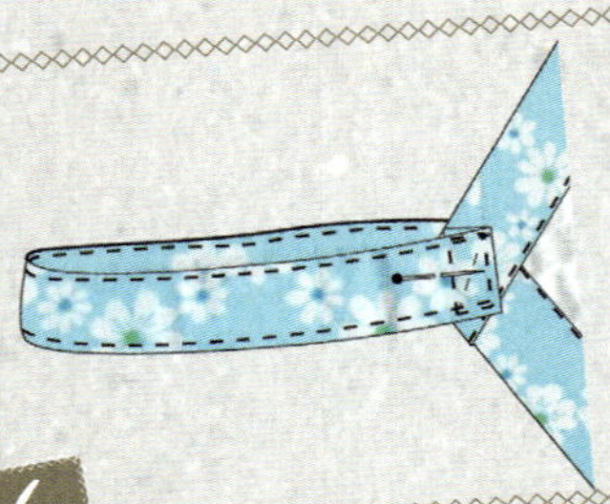
6

Bodys

Wer sich an komplizierte Nähprojekte nicht herantraut oder keine Zeit dafür hat, kann einfache weiße Bodys durch das Aufnähen von kleinen Motiven schnell und unkompliziert aufpeppen. Die Stoffreste wurden mit Vliesofix beklebt und nach dem Abziehen des Trägerpapiers auf die Vorderseite des Bodys gebügelt. Wer mag, kann die Stoffkanten entweder mit der Nähmaschine oder von Hand mit einem Knopflochstich umnähen.
Eine andere Methode zum „Body-Tuning" ist das Aufbügeln von Motiven, Sprüchen, Fotos oder kleinen Illustrationen durch Bügeltransferfolie. Ausgefallene Motive können Sie bei Bildagenturen kaufen und auf Ihren Rechner herunterladen. Das Ausdrucken und Aufbügeln ist kinderleicht!
Die Schnittmuster (73–75) finden Sie auf den Seiten 93–94.

Schmuseeule

Schmusetier in der passenden Geschenkbox

Dieses kleine Kuscheltier (25 cm x 15 cm) ist für die Kleinsten gedacht. Durch ihre Größe und die weiche Füllung ist die Eule besonders griffig und wird sicherlich im Bettchen ihren Ehrenplatz finden. Möchten Sie sie verschenken, lohnt sich das Bekleben einer kleinen Geschenkbox mit dem gleichen Stoff. Binden Sie dann noch eine große Schleife um die Schachtel, fertig ist das Geschenk zur Taufe!

Material

- Baumwollreste
- Frotteereste
- Vliesofix
- Zackenlitze
- Stickgarn
- Wollreste
- Füllwatte
- runde Dose

So wird's gemacht Eule

1. Die Schnittteile 26–32 (Seite 91 und 93) kopieren, ausschneiden und wie beschriftet aus den jeweiligen Materialien zuschneiden.

2. Auf die Rückseite des Frotteerestes Vliesofix aufbügeln. Das Kopf- und Rumpfteil (28 und 29) auflegen, die äußeren Konturen nachzeichnen und ausschneiden. Das Trägerpapier abziehen und den Frottee mit der Klebeseite auf die entsprechenden Stoffteile bügeln. Ebenso mit dem Baumwollrest für die Augen vorgehen. Dann mit einem kleinen und dicht eingestellten Zick-Zack-Stich umnähen. Auf die Zick-Zack-Naht des Bauchteiles wahlweise eine Zackenlitze aufnähen.

3. Für den Schnabel werden die zwei grob zugeschnittenen, rechteckigen Stoffteile rechts auf rechts gelegt. Dann das Schnittmuster mit einer Nadel darauf feststecken und die Stoffe entlang der Papierkante aufeinandernähen. Die Nahtzugabe auf 2–3 mm zurückschneiden, den Schnabel nach rechts wenden, die Kanten bügeln und auf das Rumpfteil stecken.

4. Kopf- und Rumpfteil rechts auf rechts aufeinandernähen. Die Nahtzugaben ins Kopfteil bügeln.

5. Die etwa 5–6 cm langen Wollfäden an der oberen Kopfkante festriegeln.

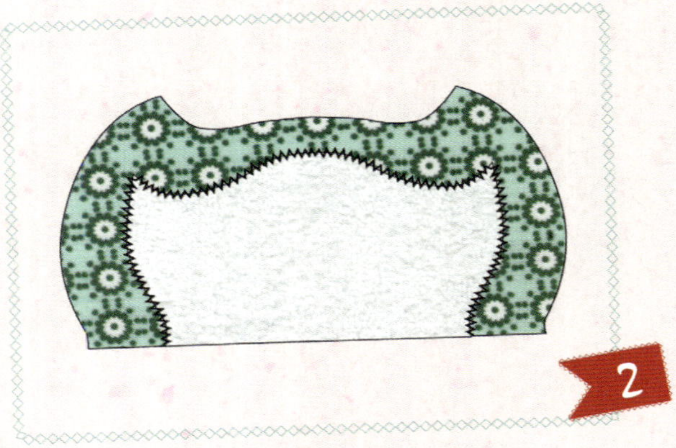

So wird's gemacht Eule

6. Die beiden Schnittteile für jeden Fuß rechts auf rechts aufeinandersteppen, die Nahtzugaben knapp zurückschneiden, die Rundungen einschneiden. Den Fuß nach rechts wenden, mit Watte füllen und die Öffnung knappkantig 2–3 mm breit zunähen. Die fertigen Füße innerhalb der Nahtzugabe aufnähen.

7. Die fertige Vorderseite der Eule rechts auf rechts auf ein rechteckiges Stoffstück legen und entlang der Außenkanten aufsteppen. Zwischen den Füßen eine ca. 6 cm breite Öffnung zum Wenden offen lassen. Den überstehenden Stoff des Rechtecks abschneiden, die Nahtzugaben auf 2–3 mm zurückschneiden und an den Rundungen vorsichtig bis zur Nahtlinie einschneiden. Die Eule nach rechts wenden und die Kanten flach bügeln. Das Kuscheltier mit Füllwatte ausstopfen und die Öffnung mit einigen Handstichen zunähen.

8. Die Augenwimpern mit Stickgarn aufnähen.

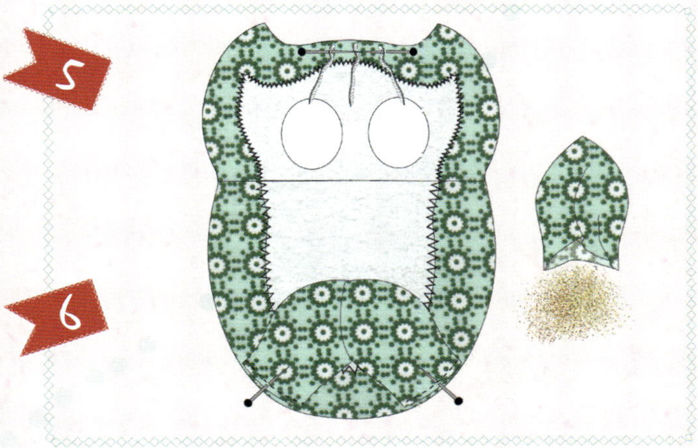

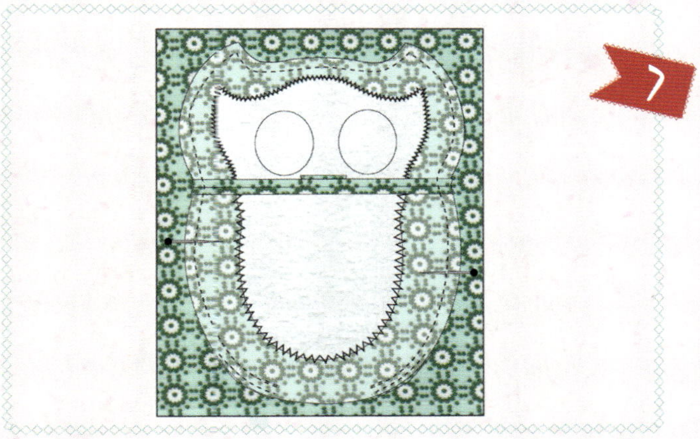

So wird's gemacht Box

1. Legen Sie den Deckel auf ein ausreichend großes Stoffstück und schneiden sie ihn ringsum 1 cm größer als den Deckel zu. Innerhalb des angeschnittenen Zentimeters kleine Dreiecke ausschneiden. Den Stoff mittig auf den Deckel kleben, die kleinen Dreiecke am Deckelrand mit Flüssigkleber befestigen.

2. Messen Sie anschließend den Umfang des Deckelrandes aus und schneiden Sie den Stoffstreifen in Länge und Höhe etwa 2 cm größer zu. Den Stoff an allen Seiten 1 cm nach links umbügeln, leicht festkleben (Klebestift) und trocknen lassen. Anschließend den Stoffstreifen um den Deckelrand kleben.
Den Stoff für die Dose in der Höhe ca. 4 cm breiter, in der Breite 2 cm länger zuschneiden. Den Stoff an den beiden schmalen Seiten jeweils 1 cm nach links umbügeln.
Dann den Stoff so um die Box legen, dass er ca. 3 cm nach innen und 1 cm an den Boden geklebt werden kann. An der unteren Stoffkante wieder kleine Dreiecke ausschneiden.

Bärenduo

Freunde fürs Leben

An diese beiden Bären aus farblich exakt aufeinander abgestimmten Patchworkstoffen sollten sich absolute Nähanfänger noch nicht heranwagen. Man braucht für die Umsetzung ein klein wenig Näherfahrung und etwas Geduld. Gefüllt werden die Bären mit waschbarer Füllwatte, damit die Freunde möglichst viele Waschgänge schadenfrei überstehen. Aufgepeppt wurde das Duo durch ein Halstuch oder eine Halskrause. Lassen Sie Ihren kreativen Ideen freien Lauf!

Material

Baumwollstoffreste
Füllwatte
Stickgarn

Fertige Größe

37 cm x 30 cm

Zuschnitt

2 x Rumpf (33)
2 x Hinterkopf (34)
2 x Vorderkopf (35)
1 x Mittelteil/Kopf (36)
2 x Schnauze (37)
4 x Fuß (38)
4 x Arm (39)
4 x Ohr (40)

So wird's gemacht

1. Die Schnittteile 33–40 (Seite 92) kopieren, ausschneiden und entsprechend der Beschriftung zuschneiden.

2. Die Füße rechts auf rechts an den Rumpf steppen, die Nahtzugaben auseinanderbügeln.

3. Die Stoffteile für die Arme rechts auf rechts aufeinandersteppen, die Nahtzugaben auf 2–3 mm zurückschneiden, die Rundungen einschneiden. Das Teil wenden und die Kanten glatt bügeln. Die Arme mit Watte ausstopfen und die Öffnung zunähen.

4. Die Arme ca. 3–4 cm unterhalb der Kopföffnung innerhalb der Nahtzugaben auf den Rumpf steppen. Anschließend die beiden Rumpfteile rechts auf rechts aufeinandersteppen, die Nahtzugaben zurückschneiden, in den Rundungen vorsichtig bis zur Nahtlinie einschneiden. Den Rumpf wenden, die Rundungen vorsichtig mit einer Schere herausdrücken und mit Watte füllen.

5. Die Ohren und die Schnauze wie unter Punkt 3 beschrieben nähen.

So wird's gemacht

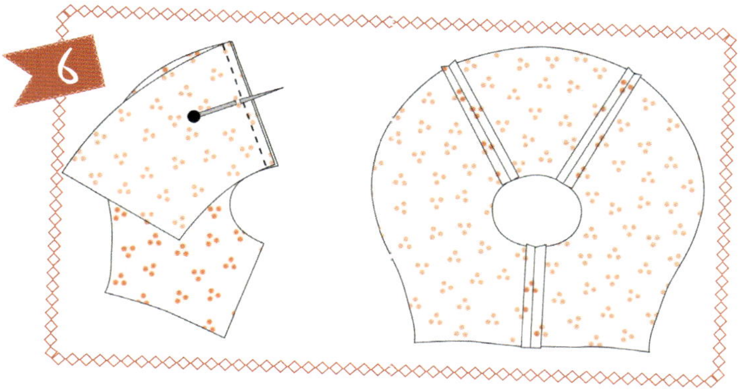

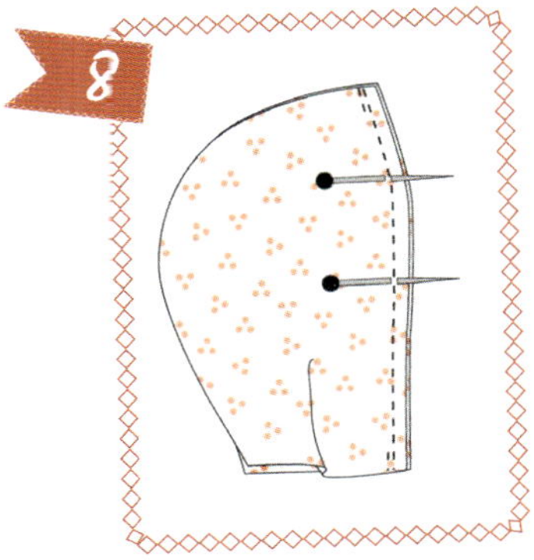

6. Mittelteil und beide Seitenteile des Kopfes rechts auf rechts aneinandernähen. Die Nahtzugaben auseinanderbügeln.

7. Die Schnauze rechts auf rechts in die Öffnung schieben und von Hand mit einem doppelten Baumwollfaden einnähen.

8. Die beiden Schnittteile für den Hinterkopf rechts auf rechts aneinandernähen, die Nahtzugaben auseinanderbügeln.

9. An die Unterkanten der verstürzten Ohren kleine Fältchen legen und mittig auf die beiden Nähte des Vorderkopfes stecken.

10. Vorder- und Hinterkopf rechts auf rechts aufeinandersteppen, die Ohren werden dabei mitgefasst und liegen im Inneren der beiden Kopfhälften. Die Nahtzugaben auf 2–3 mm zurückschneiden und vorsichtig bis zur Nahtlinie einschneiden. Den Kopf nach rechts wenden und die Kanten bügeln.

11. Den Kopf ebenfalls mit Watte ausstopfen und anschließend in die Halsöffnung des Rumpfes schieben, die Nahtzugaben des Rumpfes dabei 1 cm nach innen einschlagen. Die obere Rumpfkante mit einem doppelt gelegten Faden am Kopf festnähen. Schnauze und Augen mit einem schwarzen Faden aufsticken.

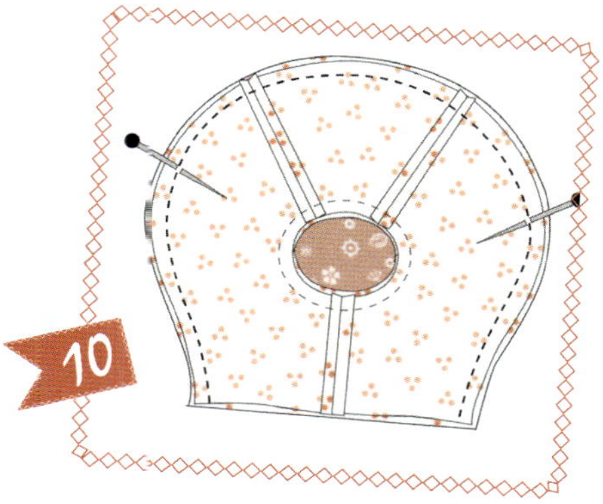

Bettwäscheset

Umhäkelt besonders schön

Wer viele schöne Stoffreste zur Verfügung hat und diese endlich zu einem „Prachtstück" vernähen möchte, sollte sich an diesen Bettbezug (1,35 m x 1,00 m) samt Kopfkissen (40 cm x 60 cm) heranwagen. Das Kopfkissen wird zunächst mit einem Knopflochstich umnäht, anschließend mit einer einfachen Häkelspitze umhäkelt. Wer sich die Arbeit des Umhäkelns sparen möchte, kauft eine farblich passende Spitze und näht sie knappkantig auf. In die Rückseite von Bezug und Kopfkissen wurde ein Wäschereißverschluss eingenäht, den Sie in der gewünschten Länge in den Kurzwarenabteilungen der Kaufhäuser oder in Fachgeschäften kaufen können.

Material

Baumwollstoffe
2 Wäschereißverschlüsse, 70 cm und 30 cm
1 Wäschereißverschluss, 35 cm
Volumenvlies
Häkelgarn

Zuschnitt

Bettdecke

Vorderseite
Beliebige Anzahl von Stoffstreifen: je 72 cm breit
2 Blenden: 17 cm x 1,37 m

Rückseite
Oberes Rückseitenteil: 1,02 m x 32 cm
Unteres Rückseitenteil: 1,02 m x 1,07 m

Kopfkissen

Vorderseite
62 cm x 42 cm

Rückseite
Oberes Rückseitenteil: 62 cm x 27 cm
Unteres Rückseitenteil: 62 cm x 17 cm

So wird's gemacht
Bettbezug

1. Für die Vorderseite des Bettbezuges so viele 72 cm breite Streifen untereinandernähen, bis eine Länge von 1,37 m erreicht ist. Die Nahtzugaben auseinanderbügeln.

2. Die beiden Blenden rechts auf rechts an das Mittelteil nähen, die Nahtzugaben auseinanderbügeln.

3. Das obere und untere Rückseitenteil rechts auf rechts aneinandernähen, dabei in der Mitte eine 70 cm breite Öffnung für den Reißverschluss offen lassen. Die Nahtzugaben auseinanderbügeln.

4. Den Reißverschluss unter die umgebügelten Kanten schieben und verdeckt mit einem speziellen Reißverschlussfüßchen einnähen.

5. Vorder- und Rückseite des Bettbezuges mit Nadeln rechts auf rechts stecken und die Außenkanten aufeinandernähen. Den Bezug wenden, die Ecken vorsichtig mit einer Schere herausdrücken und die Kanten bügeln.

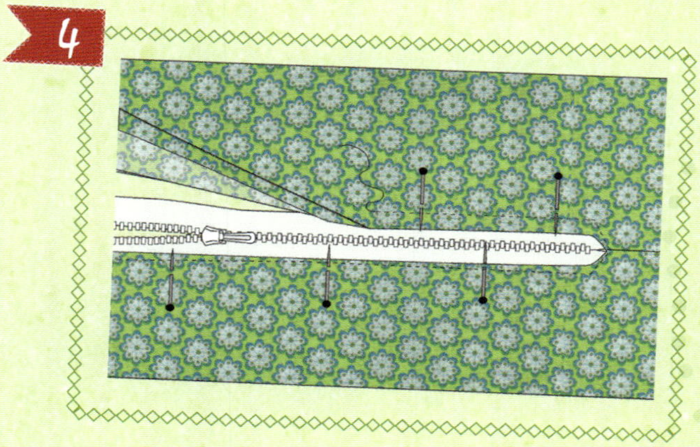

So wird's gemacht

Kopfkissen

1. Die beiden rückwärtigen Teile des Kopfkissenbezuges rechts auf rechts aufeinandersteppen, dabei in der Mitte eine 35 cm lange Öffnung lassen. Die Nahtzugaben auseinanderbügeln.

2. In die Öffnung den Reißverschluss einnähen, wie beim Bettbezug beschrieben.

3. Vorder- und Rückseite des Kopfkissenbezuges rechts auf rechts aufeinandernähen. Das Teil wenden, die Ecken vorsichtig mit einer Schere heraus drücken und die Kanten flachbügeln.

4. Den Kopfkissenbezug mit einem Knopflochstich umnähen.

5. Das gesamte Kissen mit einer einfachen Häkelspitze umhäkeln oder eine gekaufte Spitze knappkantig aufnähen.

Häkelmuster:

1. Die gesamte Außenkante des Kissens mit festen Maschen umhäkeln, dabei immer in die Zwischenräume der Knopflochstiche einstechen.

2. Für die zweite Reihe wird in jede vierte Masche eingestochen, dazwischen werden drei Luftmaschen gehäkelt.

3. In der dritten Reihe werden in jeden Luftmaschenbogen eine feste Masche, drei Stäbchen und wieder eine feste Masche gehäkelt.

Bettwurm

Dieser Bettwurm wird, wie auch die Bettwäsche, aus einigen Stoff- und Frotteeresten im Patchwork-Look genäht. Das lustige Polster schützt in den ersten Jahren den Kopf des Babys und wird später gern als Kissen beim Lesen und Ausruhen genutzt. Für die beiden Köpfe aus Frottee ist ein Handtuch ausreichend, die Gesichter werden mit schwarzem Stickgarn aufgenäht.

So wird's gemacht

1. Die Schnittteile 41–43 (Seite 93) kopieren, ausschneiden und entsprechend der Beschriftung zuschneiden.

2. Für das Rumpfteil so viele 19 cm breite Stoffreste rechts auf rechts aneinandernähen, bis der Streifen insgesamt 1,16 m lang ist. Die Nahtzugaben auseinanderbügeln. Diesen Patchworkstreifen benötigen Sie zweimal (Vorder- und Rückseite).

3. An die Schmalseiten dieser Streifen die Köpfe rechts auf rechts annähen. Die Nahtzugaben auseinanderbügeln.

4. Für die Ohren die beiden Schnittteile rechts auf rechts aufeinanderlegen und entlang der langen Seiten aufeinandersteppen. Die Nahtzugaben auf 2–3 mm zurückschneiden, die Spitze schräg abschneiden. Die Ohren wenden, die Ecken mit einer Schere herausdrücken und die Kanten flachbügeln. Anschließend die Ohren wie auf dem Schnittbogen markiert auf den Kopf nähen. Nach dem Aufsteppen wieder nach vorne umschlagen und nochmals von oben übersteppen.

5. Die beiden Zungen wie die Ohren verstürzen. In die Mitte eine kleine Falte legen und knappkantig an die Kopfspitze nähen.

6. Oberseite und Unterseite des Bettwurms rechts auf rechts aufeinandernähen, dabei in der Mitte eine ca. 20 cm breite Öffnung zum Wenden offen lassen. Die Nahtzugaben in den Rundungen auf 2–3 mm zurückschneiden und bis zur Stepplinie vorsichtig einschneiden. Den Bettwurm durch die Öffnung nach rechts ziehen, die Kanten bügeln und mit Füllwatte ausstopfen. Die Öffnung mit einigen Handstichen zunähen.

7. Das Gesicht mit schwarzem Stickgarn aufsticken.

8. Ganz nach Belieben den Hals des Bettwurms mit Bändern und Litzen verzieren.

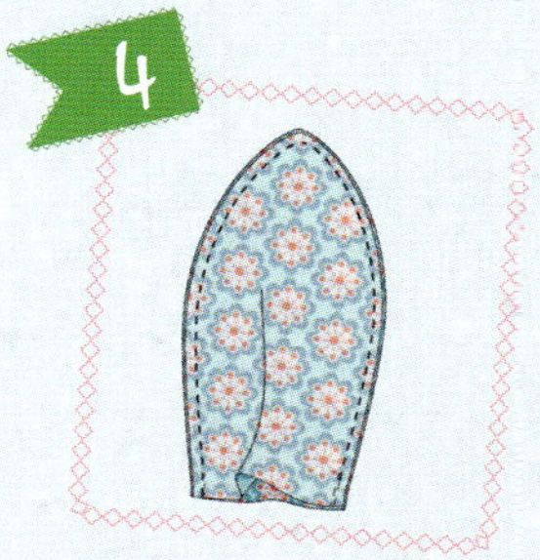

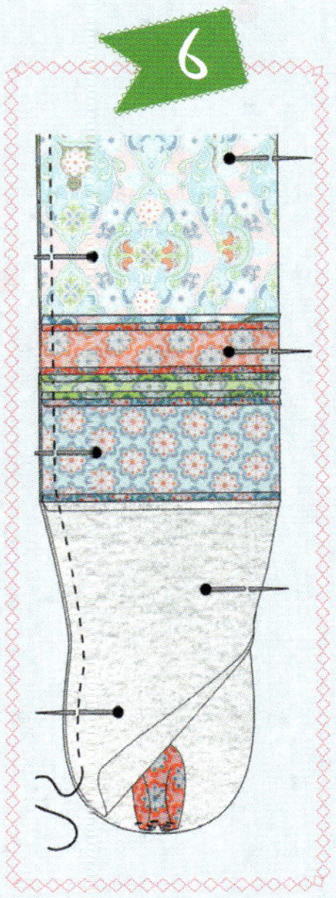

Material

Baumwollstoffreste
Frotteereste
Füllwatte
Schwarzes Stickgarn

Zuschnitt

Stoffstreifen: je 19 cm breit
4 x Kopf (41)
8 x Ohr (42)
4 x Zunge (43)

Mini-Utensilo

Kleinigkeiten immer griffbereit

Diese beiden Mini-Utensilos in Form eines Fisches und einer Schildkröte dienen nicht nur zum Aufbewahren von Kleinigkeiten, nein, sie sind auch Hingucker im Kinderzimmer. Durch die praktische Schlaufe an der Oberkante werden sie an das Bettchen, Schränkchen oder an einem Haken gehängt. Sie bewahren zum Beispiel den Schnuller oder ähnliche Kleinigkeiten sicher und gerne auf. So ist der Schnuller am Abend immer griffbereit, wenn es zum Schlafen ins Bett geht.

Fertige Größe
33 cm x 27/21 cm

Material

Baumwollstoffreste
Band/Kordel
Spitze
Filzrest
Füllwatte

Zuschnitt

Fisch

2 x Rumpf (44)
4 x Flosse (45)
2 x Schwanzflosse (46)
2 x Auge (50)
2 x Pupille (51)

Schildkröte

4 x Rumpf (47)
3 x Fuß (48)
2 x Kopf (49)
2 x Auge (50)
2 x Pupille (51)

So wird's gemacht
Fisch

1. Die Schnittteile 44–46 und 50–51 (Seite 88) kopieren, ausschneiden und entsprechend der Beschriftung aus Stoff zuschneiden.

2. Für die Seiten- und Rückflosse die Schnittteile jeweils rechts auf rechts aufeinanderlegen und an den äußeren Kanten aufeinandersteppen. Die Ecken schräg abschneiden. Das Teil wenden, die Spitzen mit einer Schere vorsichtig herausdrücken und die Kanten flachbügeln. Die Flossen mit etwas Watte füllen und die Öffnung mit der Maschine zunähen.

3. Die Flossen innerhalb der Nahtzugaben auf der Vorderseite des Körpers festnähen.

4. Die Augen mit einigen Handstichen befestigen.

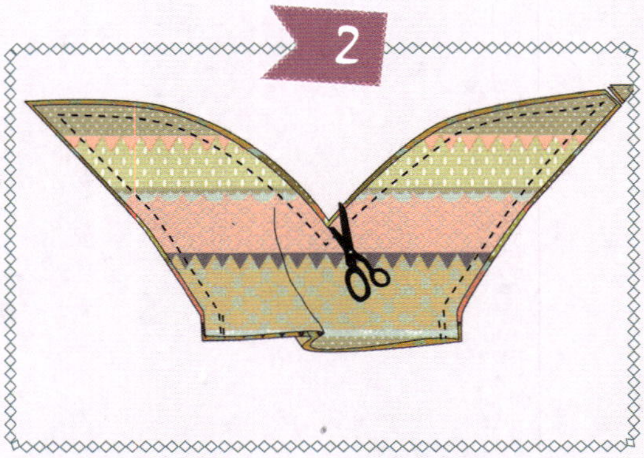

5. Vorder- und Rückseite des Fisches rechts auf rechts legen, die Schnittteile aufeinandersteppen. An beiden Seitennähten eine ca. 1 cm breite Öffnung zum Einziehen der Kordel offen lassen. Der Abstand der Öffnung zur oberen Kante beträgt 1,5 cm.

6. Nun die obere Kante ca. 2,5 cm nach innen einschlagen und die beiden Stofflagen ober- und unterhalb der Öffnung aufeinandersteppen.

7. Die Spitze/Band zum Aufhängen mit der Maschine oder einigen Handstichen an der oberen Kante befestigen.

8. Die erste Kordel durch den Tunnel durchziehen, dabei an einer Seite beginnen und an dieser Seite die Kordel auch wieder herausführen. Die zweite Kordel auf der gegenüberliegenden Seite durchfädeln. Die Perlen auf die Kordel aufziehen und die Enden verknoten.

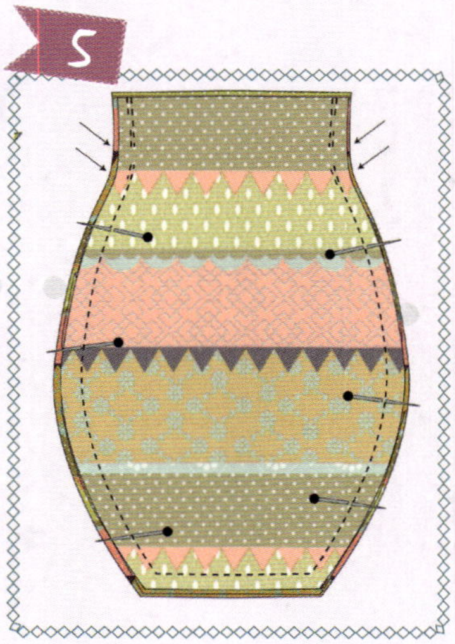

So wird's gemacht Schildkröte

1. Die Schnittteile 47–51 (Seite 88) kopieren, ausschneiden und entsprechend der Beschriftung zuschneiden.

2. Die beiden Hälften für Vorder- bzw. Rückseite des Rumpfes rechts auf rechts aufeinandernähen, dabei an der Vorderseite eine ca. 11 cm breite Öffnung frei lassen, wie auf dem Schnittbogen markiert. Die Nahtzugaben auseinanderbügeln und die Kanten auf der Vorderseite knappkantig absteppen.

3. Die Augen wie auf dem Schnittmuster markiert auf den Kopf nähen.

4. Vorder- und Rückseite des Kopfes rechts auf rechts aufeinandersteppen. Die Nahtzugaben auf 2–3 mm zurückschneiden, die Rundungen bis zur Nahtlinie einschneiden und wenden. Den Kopf mit etwas Füllwatte ausstopfen, die Öffnung mit der Maschine zunähen.

5. Das Schnittmuster für die Füße auf zwei Stoffstücke stecken, die rechts auf rechts aufeinanderliegen. Die beiden Stoffe entlang der Kontur des Schnittmusters aufeinandernähen. Die Nahtzugaben auf 2–3 mm zurückschneiden, die Ecke schräg abschneiden. Den Fuß wenden und die Spitze mit einer Schere herausdrücken. Die Kanten flachbügeln. Die Füße mit wenig Füllwatte ausstopfen und entlang der Öffnung knappkantig zunähen.

6. Kopf, Band und Füße innerhalb der Nahtzugaben auf die Vorderseite des Rumpfes nähen. Anschließend Vorder- und Rückseite aufeinandersteppen, die Schildkröte durch den Schlitz wenden und die Kanten flachbügeln.

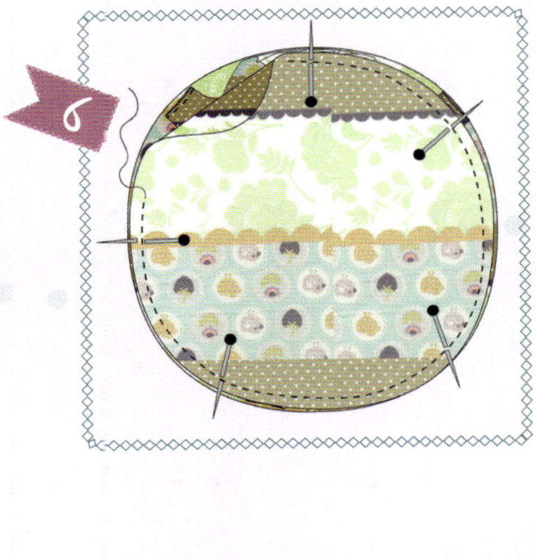

Kindergartentasche

Immer dabei

Dieses Täschchen (20 cm x 24 cm x 8 cm) aus beschichteter Baumwolle ist zwar kein Einstiegsmodell für Nähanfänger, aber der Aufwand wird sich lohnen. Wem das Anfertigen der Blume zu aufwendig ist, der kann in den Kreis der Vorderseite auch eine kleine Applikation, ein Mini-Stofftierchen oder eine Filzblume kleben oder annähen. Für den Schultergurt verwenden Sie Ripsband, das es in den verschiedensten Breiten und Farben im Handel zu kaufen gibt. Stimmen Sie die D-Ringe und den Längenversteller auf die Bandbreite ab.

Material

Beschichteter Baumwollstoff: 55 cm x 55 cm
Baumwollstoff (Futter): 55 cm x 55 cm
Stoffreste/Blume
Vlieseline: 25 cm x 50 cm
Zackenlitze: 35 cm
Karabinerhaken: 4 cm
Metallring: 1 cm
Längenversteller: 3 cm
2 D-Ringe: 3 cm
Papprest
Baumwollgarn
Volumenvliesreste
Heißkleber
Zwirn

Zuschnitt

Beschichtete Baumwolle, Baumwollstoff und Vlieseline
2 x Seitenteile: 21 cm x 10 cm
1 x Mittelteil (Grobzuschnitt): 50 cm x 25 cm
2 x Klappe: 28 cm x 25 cm

Gurtband
2 x Gurtband: 3 cm x 18 cm
1 x Gurtband: 3 cm x 1 m

Blume
6 Stoffkreise (Blütenblätter): Ø 6 cm
1 Pappkreis (Blüteninneres): Ø 2 cm
1 Volumenvlieskreis (Blüteninneres): Ø 2 cm
1 Stoffkreise (Blüteninneres): Ø 4 cm

So wird's gemacht Tasche

1. Die Vlieseline bei allen Schnittteilen entweder auf den beschichteten Baumwollstoff (hierzu ist eine Bügelprobe notwendig) oder auf das Baumwollfutter aufbügeln.

2. An den Seitenteilen die beiden unteren Ecken mit Hilfe einer Tasse oder eines Glases leicht abgerundet aufzeichnen und abschneiden.

3. Die beiden Seitenteile rechts auf rechts an das Mittelteil nähen, die überstehende Länge vom Mittelteil abschneiden (Grobzuschnitt). Die Ecken an den Rundungen vorsichtig bis zur Nahtlinie einschneiden, die Tasche nach innen wenden und die Kanten flachbügeln. Diesen Arbeitsgang für innere und äußere Tasche durchführen.

4. Die äußere Tasche sowie die innere Tasche (Futter) links auf links ineinanderschieben, die oberen Kanten jeweils 1 cm nach innen einschlagen und aufeinander festnähen.

5. Die beiden kurzen Ripsbänder durch die D-Ringe ziehen und an den Seitenteilen festnähen.

6. Das lange Band durch den Längenversteller und durch die D-Ringe ziehen und festnähen.

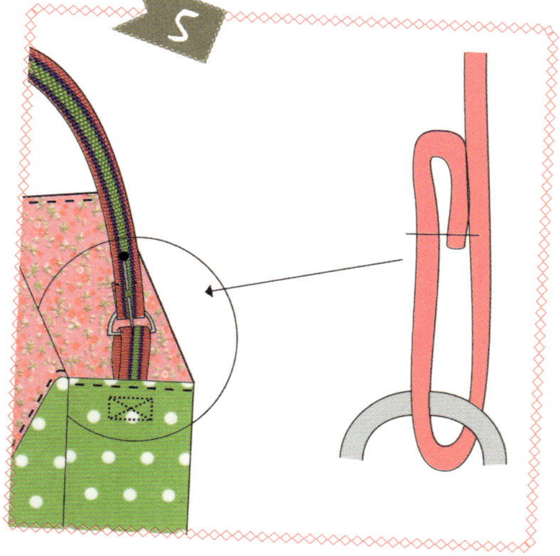

So wird's gemacht

Taschenklappe

1. Auf die linke Stoffseite eines 15 cm x 15 cm großen Quadrates aus beschichteter Baumwolle einen Kreis von 10 cm Durchmesser zeichnen. Das Stoffstück so auf das Klappenteil stecken, dass der Kreis mittig, ca. 5 cm oberhalb der unteren Kante liegt. Den Kreis aufsteppen. Den Stoff innerhalb des Kreises bis auf 2 mm herausschneiden. Den innen überstehenden Stoff in kleinen Abständen bis zur Nahtlinie vorsichtig einschneiden. Das Stoffstück anschließend nach innen wenden und die Nahtzugaben flachbügeln. Einen mit Vlieseline beklebten Stoffrest unterlegen, die Kanten knappkantig absteppen und eventuell nochmals mit einer Zackenlitze übersteppen.

2. Die Vorderseite der Klappe rechts auf rechts auf die Rückseite legen und die untere, sowie die beiden seitlichen Kanten aufeinandersteppen. Die Nahtzugaben in den Rundungen vorsichtig bis zur Nahtlinie einschneiden, die Klappe wenden, die Kanten bügeln und von rechts füßchenbreit absteppen.

3. Die noch offene Kante der Klappe 1 cm breit nach innen einschlagen und mit 2 Steppnähten an das Taschenteil nähen. Die offene Stoffkante liegt dabei zwischen den beiden Steppnähten.

4. Ein kurzes Stück Zackenlitze durch den Karabinerhaken ziehen und an der Taschenklappe festriegeln.

5. Einen kleinen Metallring gegebenenfalls umhäkeln und auf der vorderen Taschenseite festnähen.

6. Zur Stabilisierung des Bodens wird ein rechteckiges, stabiles Pappstück mit Stoff beklebt und unten in die Tasche gelegt.

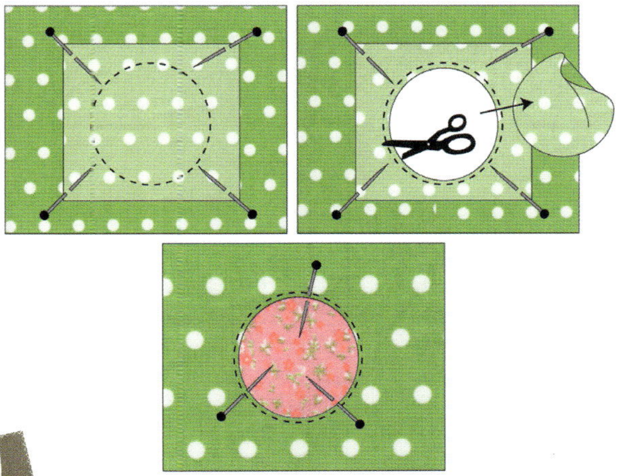
1

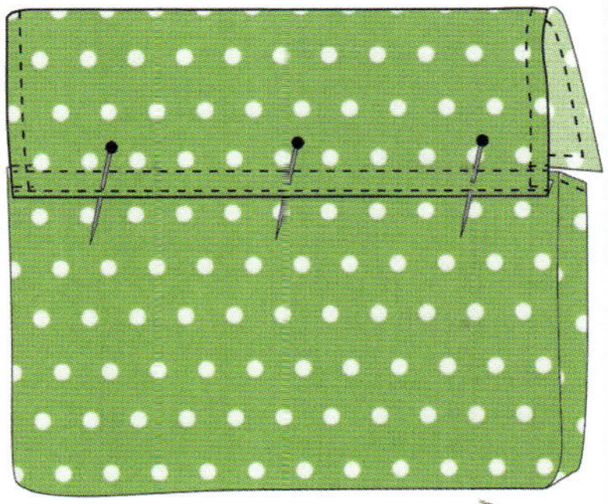
2

3

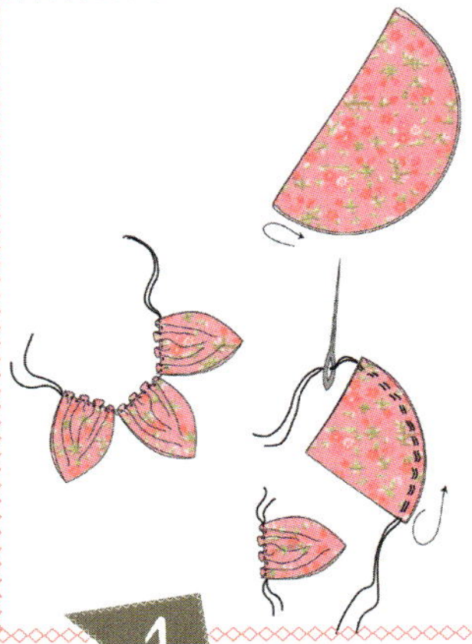
1

2

Blume

Jede Blume besteht aus sechs kleinen Blütenblättern bzw. Stoffkreisen, die gefaltet und nacheinander auf einen Faden aufgezogen werden.

1. Für die Blütenblätter jeden Stoffkreis links auf links falten, dann nochmals zur Hälfte falten. Alle 6 Blütenblätter mit Vorstichen entlang der äußeren Rundung auf einen Zwirnsfaden aufziehen, dann den Zwirn so fest wie möglich zusammenziehen und die Enden verknoten.

2. Das Volumenvlies auf den Pappkreis kleben. Den Stoffkreis entlang der äußeren Kante einreihen, den Pappkreis mittig einlegen, den Reihfaden zusammenziehen und verknoten. Die Blütenblätter unter den Pappkreis legen und mit Heißkleber festkleben.

3. Die Blüte mittig auf den Stoffkreis der Vorderseite nähen.

Puppentragetasche

Zum Verreisen mit einer Puppe ist eine solche Tragetasche unverzichtbar und sollte in keinem Puppenhaushalt fehlen! Wählen Sie einen stabilen und pflegeleichten Baumwollstoff, der durch sein Muster nicht besonders schmutzempfindlich ist. Vielleicht finden Sie auch einen beschichteten Baumwollstoff, denn der lässt sich im Notfall mit einem leicht feuchten Tuch abputzen.
Sie müssen Länge und Breite der Tasche auf die Puppengröße abstimmen. Diese Tasche eignet sich für eine ca. 43 cm große Puppe.

Farbenfroh, chic und äußerst komfortabel

Bei dieser Puppentragetasche wird der Oberstoff mit fester Vlieseline beklebt, anschließend mit Volumenvlies wattiert und dann mit einem anderen Baumwollstoff gefüttert. Sie schneiden deshalb den Schirm, den Boden, die seitliche Umrandung und die Fußabdeckung der Puppentragetasche aus diesen Materialien zu. Die Griffe werden nicht wattiert. Das Volumenvlies sollte immer etwas größer zugeschnitten und nach dem Übersteppen/Wattieren bündig abgeschnittenen werden.

Material

Baumwollstoff: 80 cm
Feste Vlieseline: 80 cm
Volumenvlies: 80 cm
Bommellitze: 40 cm
Zackenlitze: 2–4 m
Faltenband: 32 cm
Frotteerest
Applikation
Papprest
Zwirn
Stopfnadel

Zuschnitt

Aus Baumwollstoff, Vlieseline, Volumenvlies, Baumwollfutter zuschneiden
1 x Schirm (56)
1 x Boden: 49 cm x 28 cm
2 x Seitenteil: 12 cm x 75 cm
1 x Fußteil: 26 cm x 28 cm

Aus Baumwollstoff, Vlieseline
4 x Tragegriff: 7 cm x 1 m

Aus Frottee
Kreis: Ø 8 cm

Aus Pappe
Bodenverstärkung: 49 cm x 28 cm

Aus Baumwoll-Futterstoff
Bodenverstärkung: 59 cm x 38 cm

So wird's gemacht

1. Wattieren

Die Stoffzuschnitte für Schirm, Boden, Seitenteile und Fußteil mit Vlieseline bekleben. Dann das Volumenvlies darunter feststecken und diagonal absteppen.

2. Schirm

a) Den wattierten Schirm rechts auf rechts auf das Futter legen und entlang der Außenkanten aufeinandersteppen.

b) Dabei an der Rückseite eine 12 cm Zentimeter breite Öffnung zum Wenden offen lassen. Die Nahtzugaben auf 2–3 mm zurückschneiden, die Rundungen vorsichtig einschneiden. Das Teil durch die Öffnung wenden, die Kanten bügeln und die Öffnung mit einigen Handstichen schließen.

c) Die Bommellitze knappkantig an die vordere Schirmkante steppen. Ganz nach Wunsch an die obere Kante die Zackenlitze aufnähen.

3. Fußteil

a) Die beiden unteren Ecken des fertig wattierten Fußteils mit Hilfe einer Tasse abgerundet aufzeichnen und abschneiden.

b) Das Futterteil rechts auf rechts auf das wattierte Teil legen und an den Außenkanten aufeinandersteppen, die obere Kante bleibt offen. Die Nahtzugaben zurückschneiden, die Rundungen einschneiden. Das Teil wenden die Kanten bügeln.

c) Die obere Kante mit Schrägband einfassen.

d) Den Frotteekreis mittig auf das Fußteil stecken und gemeinsam mit dem Faltenband und der darüberliegenden Zackenlitze aufnähen.

e) Die Applikation aufnähen oder aufbügeln.

So wird's gemacht

4. Seitenteil

a) Das Seitenteil mit Vlieseline bekleben und wattieren.

b) Die beiden äußeren Seitenteile an einer Schmalseite zusammennähen, die Nahtzugaben auseinanderbügeln. Das Seitenteil offen, also noch nicht zum Ring geschlossen, rechts auf rechts an den Boden nähen. Die überschüssige Länge nach dem Annähen und Zusammennähen der zweiten Naht bis auf 2 cm (Nahtzugabe) abschneiden. Die Nahtzugaben auseinanderbügeln. Diesen Arbeitsgang auch für das Futter durchführen.

c) Futter- und Stoffteile links auf links ineinanderschieben und entlang der oberen Kante knappkantig aufeinandersteppen. Die obere Kante mit Schrägband einfassen.

d) Fertiges Kopf- und Fußteil mittig an das Seitenteil nähen, Nahtanfang und -ende gut verriegeln.

4b

4c

4d

5. Tragegriffe

a) Auf die linke Stoffseite der Tragegriffe Vlieseline aufbügeln.

b) Die Tragegriffe an den langen Seiten mit dem Futter verstürzen und unter Zuhilfenahme einer Stopfnadel und Zwirn wenden. Dazu den doppelt gelegten Zwirn an die Nahtzugabe der schmalen Seite nähen, die Nadel mit dem stumpfen Ende nach vorn durch den verstürzten Tragegriff schieben und dann den Stoff durch vorsichtiges Ziehen an der Nadel auf die rechte Stoffseite wenden.

c) Nach dem Wenden die Kanten bügeln, absteppen und ggf. Zackenlitzen aufnähen. Die Tragegriffe nun an die Seitenteile und an den Boden stecken, die Schlaufe ist ca. 40 cm lang und liegt ca. 5 cm vom Kopfteil entfernt. Nach dem Feststecken und dem Markieren der exakten Länge die Tragegriffe an der unteren Kante zusammennähen. Griffe mit einer Steppnaht an der oberen Kante des Seitenteils festriegeln.

5b

5c

Kissen mit Aufdruck

Motive schnell übertragen

Dieser Kopfkissenbezug mit englischen Wachmännern ist auch etwas für Nähanfänger. Der Bezug besteht aus einem einfarbigen rechteckigen Stoffstück, auf welches mit einer Bügeltransferfolie das Motiv aufgebügelt wurde.

So wird's gemacht

1. Das Stoffrechteck an beiden schmalen Seiten zunächst 1 cm breit nach links umbügeln. Diese Kanten dann nochmals 1 cm nach links einschlagen und knappkantig übersteppen.

2. Eine schmale Seite 40 cm (50 cm, 80 cm) breit rechts auf rechts legen und mit Nadeln fixieren.

3. Dann die gegenüberliegence Seite über die zuvor umgeschlagene Seite stecken und die Seitennähte aufeinandernähen.

4. Das Kissen wenden, die Kanten bügeln.

5. Das Motiv (Seite 91) durch Downloaden, Einscannen oder Kopieren auf die Transferfolie übertragen. Beachten Sie hier die Herstellerangaben, besonders das richtige Einlegen und Bedrucken der Folie mit dem Tintenstrahldrucker. Die Motive nach dem Ausdrucken ausschneiden, eventuell die Papierschicht entfernen und auf die rechte Stoffseite des Kissens bügeln. Während des Aufbügelns eine Pappe oder eine dünne Sperrholzplatte ins Kisseninnere schieben, damit sich die Farbe nicht auf die andere Stoffseite durchdrückt.

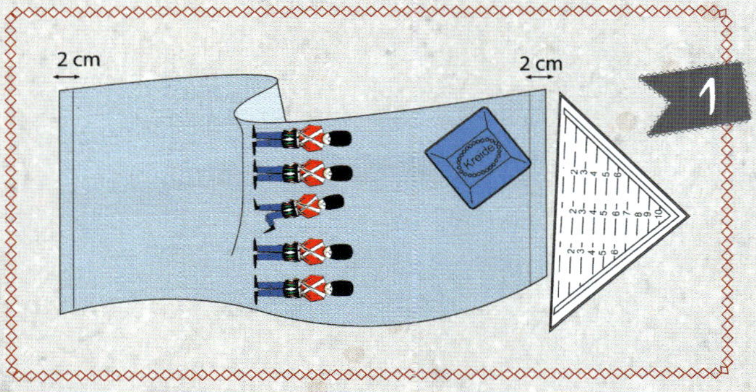

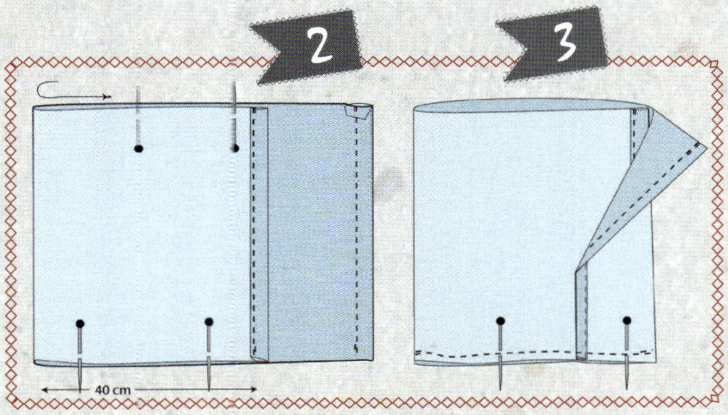

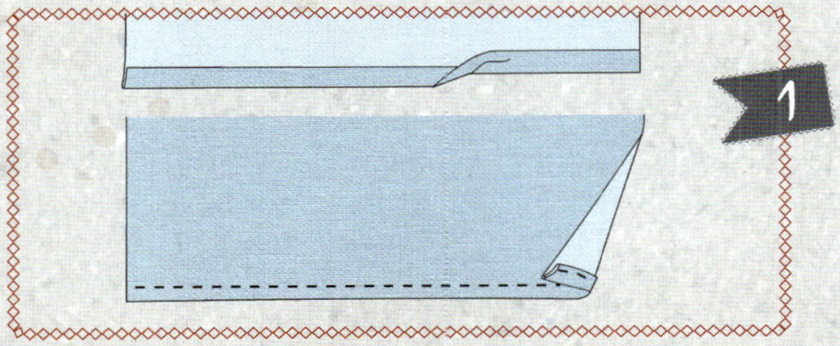

Material

- Baumwollstoff
- Nähgarn
- Bügeltransferfolie
- Tintenstrahldrucker

Zuschnitt

Für Kissengröße 40 cm x 40 cm: 42 cm x 100 cm
Für Kissengröße 50 cm x 50 cm: 52 cm x 120 cm
Für Kissengröße 80 cm x 80 cm: 82 cm x 180 cm

Puppenkleider

Hübsch gestylt

Die Puppe mit dem Namen „Mamselle“ gibt es in Bastelgeschäften oder im Internet (VBS-Hobby) zu kaufen und wird von allen Puppenmüttern heiß geliebt. Zum Nähen der Kleider sind farbenfrohe Stoffreste ausreichend. Schrägbänder, Zacken- und Bommellitzen werden sich sicherlich auch noch im Nähkästchen finden lassen. Das Kleid ist ca. 18/20 cm lang.

Material

Rotes Kleid

Baumwollstoffreste
Mini-Bommellitze
Applikation
Knopf
Knopflochgarn

Blaues Kleid

Baumwollstoffreste
Schrägband
Faltenband
Breite Zackenlitze

So wird's gemacht

Rotes Kleid

1. Die Schnittteile 52–54 (Seite 90) für Kleidchen 1 kopieren, ausschneiden und entsprechend der Beschriftung zuschneiden.

2. Die beiden rückwärtigen Schnittteile rechts auf rechts legen und die Mittelnaht ab der Schlitz-Markierung bis zum Saum zunähen. Die Nahtzugaben auseinanderbügeln und den Schlitz knappkantig absteppen.

3. Die Nahtzugaben der Tasche an allen Kanten nach links umbügeln, an die obere Kante die Bommellitze nähen und auf die Vorderseite die Applikation aufbügeln oder aufsteppen.

4. Die Tasche knappkantig auf das Vorderteil steppen.

5. Vorder- und Rückseite des Kleidchens auf rechts legen, die Schulternähte aufeinandersteppen und die Nahtzugaben auseinanderbügeln.

6. Den Hals- und die Armausschnitte mit Schrägband verstürzen. Das Schrägband schneiden Sie aus Stoffresten in einem 45° Winkel zur Stoffkante zu, es ist ca. 1,5 cm breit. Nach dem Aufsteppen die Nahtzugaben auf 2–3 mm zurückschneiden und in den Rundungen bis kurz vor die Nahtlinie einschneiden. Den Schrägstreifen nach links umbügeln und knappkantig von rechts übersteppen.

7. An eine Ecke des Halsausschnitts eine kleine Schlinge aus Knopflochgarn nähen und gegenüber den Knopf befestigen.

8. Die Mini-Bommellitze an die nach links umgebügelte Saumkante nähen.

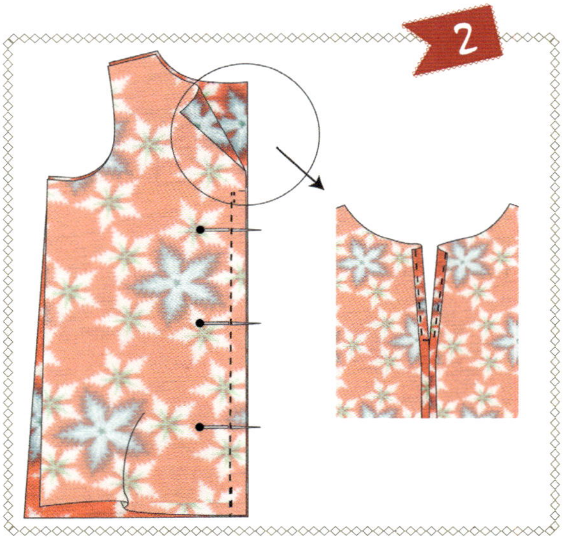

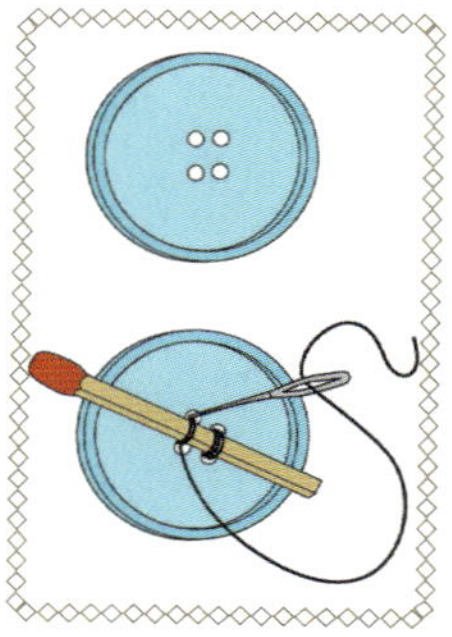

So wird's gemacht

Blaues Kleid

1. Das Schnittteil 55 (Seite 91) für Kleidchen 2 kopieren, ausschneiden und entsprechend der Beschriftung zuschneiden. Vorder- und Rückseite des Rockteils sind je 17 cm x 19 cm groß.

2. Den Halsausschnitt mit dem Schrägband einfassen (siehe Detailzeichnung).

3. Das Faltenband rechts auf rechts an die Armausschnitte nähen. Die Nahtzugaben in die Ärmel bügeln.

4. Die Vorder- und Rückseite des Rockteils rechts auf rechts an das Oberteil steppen, die Mehrweite in Falten legen. Die Nahtzugaben ins Rockteil bügeln.

5. Vorder- und Rückseite des Kleidchens entlang der Schulterlinie rechts auf rechts legen. Die Ärmelnaht und fortlaufend die Seitennähte schließen, die Nahtzugaben auseinanderbügeln.

6. Den Saum 1 cm nach links umbügeln und die Zackenlitze knappkantig untersteppen.

Kummerfreund

Ein guter Freund und Zuhörer

Diesem kleinen Freund in Form eines kleinen Monsters (ca. 27 cm x 21 cm) wird man mit Sicherheit viele kleine Geheimnisse und Sorgen anvertrauen. Hinter seinem Reißverschluss sind Kummer, Sorgen und Ängste sicher aufgehoben. Die größeren Kinder können kleine Briefchen schreiben, diese in den Reißverschlussmund stecken und somit ihre Sorgen vergessen. Für die Kleinen ist das „Monster" anfangs ein guter Zuhörer.

Material

Baumwollstoffrest
Frotteerest
Vliesofix
Vlieseline
Reißverschluss
Applikation
Zackenlitze
Stickgarn

Zuschnitt

Aus Baumwollstoff/Vlieseline
1 x unteres Vorderteil (57)
1 x oberes Vorderteil (58)
1 x Rückseite: 20 cm x 30 cm

Aus Baumwollstoff
4 x Arm (60)
2 x Auge (61)

Aus Frottee
1 x Frotteebauchteil (59)
1 x Frotteekopfteil (62)

So wird's gemacht

1. Die Schnittteile 57–62 (Seite 94) kopieren und ausschneiden.
Für den Frotteebauch und -kopf werden zunächst nur grob zugeschnittene Stoffrechtecke benötigt. Wegen des Ausfransens den Frotteestoff zuerst mit Vliesofix bekleben und erst dann das Schnittmuster auflegen und das Teil zuschneiden.

2. Das Frotteebauchteilteil auf das Stoffbauchteil aufbügeln und mit einem kleinen und dicht eingestellten Zick-Zack-Stich übersteppen. Für das obere Vorderteil gehen Sie genauso vor. Über die Zick-Zack-Naht des unteren Teils die Zackenlitze aufnähen und die Applikation aufbügeln.

3. Die Augen ebenfalls unter Zuhilfenahme von Vliesofix aufbügeln und knappkantig aufsteppen. Die Pupillen werden gestickt.

4. Die Vorderseite des Reißverschlusses an das untere Vorderteil steppen.

5. Das obere Vorderteil rechts auf rechts an die andere Reißverschlusshälfte nähen.

6. Die beiden Stoffteile für die Ärmel rechts auf rechts steppen, die Nahtzugaben auf 2–3 mm zurückschneiden, das Teil wenden und mit Füllwatte ausstopfen. Die obere Kante knappkantig zunähen und die Ärmel ca. 1,5 cm unterhalb der Reißverschlusskante auf die Vorderteile steppen.

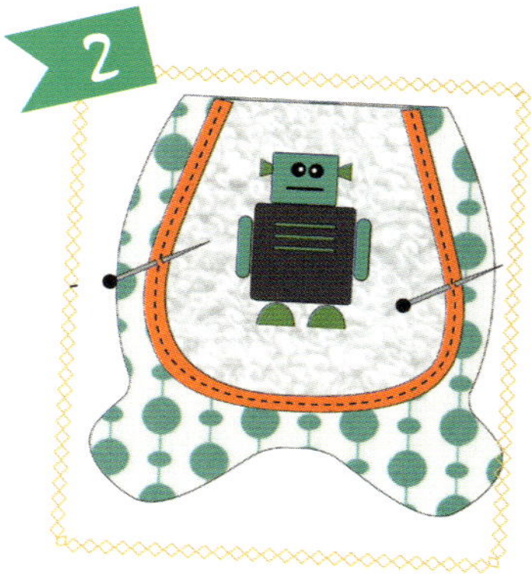

7. Die ca. 6 cm langen Zackenlitzenstreifen mittig falten und innerhalb der Nahtzugabe an die obere Kopfkante steppen. Die Vorderseite des Monsters rechts auf rechts auf die grob zugeschnittene Rückseite steppen. Den überstehenden Stoff der Rückseite und die übrigen Nahtzugaben auf 2–3 mm zurückschneiden. Den Stoff in den Rundungen bis zur Nahtlinie einschneiden. Das Teil durch den Reißverschluss wenden, die Rundungen vorsichtig mit einer Schere herausdrücken und die Nähte flachbügeln.

Stoffcollage

Wenn sich eine Menge Stoff- und Filzreste angesammelt hat, von der man sich nicht trennen kann, sollten Sie einen ovalen Keilrahmen mit diesem Eulenmotiv schmücken. Zum Kleben eignet sich Sprühkleber (größere Flächen) oder ein Klebestift. Überdecken Sie die Schnittkanten des Stoffes mit Bändern und Litzen. Die Schnittmuster (76–82) finden Sie auf Seite 89.

Matroschka

Zum Nähen dieser Matroschkas können liebgewonnene Stoff- und Frotteereste, Bänder, Zacken- und Bommellitzen verwertet werden – je bunter desto besser.
Das Gesicht entsteht durch Aufbügeln einer ausgeschnittenen Bügeltransferfolie, die Sie zuvor mit Ihrem Tintenstrahldrucker auf dieses Spezialpapier aufgedruckt haben.
Eine Auswahl von Gesichtern finden Sie auf den Schnittmusterseiten oder zum Download.

So wird's gemacht

1. Die Schnittteile 62–66 (Seite 87) kopieren, ausschneiden und die Papierschnitte aneinanderkleben. Die Schnittteile entsprechend der Beschriftung zuschneiden. Für die Rückseite, das Schürzenteil und das Kleid werden anfangs nur Grobzuschnitte benötigt.

2. Auf die linke Stoffseite der Schürze und des Kleides Vliesofix aufbügeln. Dann die Schnittmuster auf die Papierseite des Vliesofix legen, die Konturen nachzeichnen und die Teile exakt ausschneiden. Die Papierschicht von der Rückseite entfernen und die vorbereiteten Stoffteile sorgfältig auf das Vorderteil bügeln. Die Nähte mit einem kleinen und dicht eingestellten Zick-Zack-Stich und einer Bommel- oder Zackenlitze übernähen.

3. Das Gesicht durch Downloaden, Einscannen oder Kopieren auf die Bügeltransferfolie übertragen. Beachten Sie hier die Herstellerangaben, besonders das richtige Einlegen und Bedrucken der Folie im Tintenstrahldrucker. Das Motiv ausschneiden, eventuell die Papierschicht entfernen und auf das obere Schnittteil der Vorderseite aufbügeln und gegebenenfalls nochmals übersteppen. Aus dem schwarzen Filzrest ebenfalls unter Zuhilfenahme von Vliesofix, die Haare (65) zuschneiden und aufnähen.

4. Die fertige Vorderseite der Matroschka rechts auf rechts auf das Stoffrechteck der Rückseite legen und entlang der Außenkanten steppen. An der unteren Kante eine ca. 6 cm breite Öffnung zum Wenden offen lassen. Den überstehenden Stoff abschneiden, die Nahtzugaben auf 2–3 mm zurückschneiden und an den Rundungen vorsichtig bis zur Nahtlinie einschneiden. Die Matroschka nach rechts wenden, die Kanten flach bügeln und die Puppe mit Füllwatte ausstopfen. Die Öffnung mit einigen Handstichen zunähen.

Material

Baumwollstoffreste
Frotteereste
Filzreste
Vliesofix
Mini-Bommellitze
Zackenlitze
Transferfolie
Füllwatte

Fertige Größe
30 cm x 19 cm

Zuschnitt

1 x Vorderseite (62, Teile 1 und 2)
1 x Rückseite, 22 cm x 35 cm
1 x Schürzenteil (63)
1 x Kleid (64)
1 x Haare (65)
1 x Gesicht (66)

Bärenschlafsäcke

Warme Decken für treue Freunde

Damit auch die kleinen Freunde aus dem Kinderzimmer warm und weich gebettet sind, sollte man, abgestimmt auf die Größe der Bären, aus kunterbunten Stoffresten kleine Schlafsäcke nähen. Sie sind zur Verwertung von Stoffresten bestens geeignet und im Nu fertig. Die Schlafsäcke werden durch das Aufbügeln von Volumenvlies schön dick und kuschelig Wer mag, übersteppt die Stoffe diagonal und schmückt sie zusätzlich durch kleine Applikationen.

Material	Zuschnitt		
	Vorder-/Rückseite	***Fußteil***	***Schrägband***
Baumwollstoffreste	Klein: 17 cm x 25 cm	Klein: 17 cm x 14 cm	Klein: 17 cm
Aufbügelbare Volumen-vliesreste	Mittel: 23 cm x 31 cm	Mittel: 23 cm x 17 cm	Mittel: 23 cm
Vorgefalztes Schrägband	Groß: 24 cm x 37 cm	Groß: 24 cm 21 cm	Groß: 24 cm

So wird's gemacht

1. Auf jeweils ein Vorderteil sowie auf ein Fußteil das Volumenvlies mit einem Bügeltuch aufbügeln und wahlweise diagonal absteppen.

2. Vorder- und Rückseite des Fußteils knappkantig links auf links aufeinandernähen. Die obere Kante mit Schrägband einfassen.

3. Das Fußteil auf die Vorderseite des großen Schnittteils stecken und ebenfalls innerhalb der Nahtzugaben aufeinandersteppen. Die Ecken mit Hilfe einer Tasse rund zeichnen und abschneiden.

4. Die Rückseite dann rechts auf rechts auf die Vorderseite stecken und ringsum aufeinandersteppen. An der unteren Kante eine ca. 8 cm breite Öffnung zum Wenden offen lassen. Die Nahtzugaben auf 2–3 mm zurückschneiden, den Stoff in den Rundungen bis kurz vor die Nahtlinie einschneiden. Den Schlafsack durch die Öffnung wenden, die Rundungen vorsichtig mit einer Schere herausdrücken. Die Kanten bügeln und die Öffnung mit einigen Handstichen zunähen.

Gläschendeko

Zum Aufbewahren von allerlei Kleinkram im Kinderzimmer, zum Beispiel von Perlen, Lego-Kleinteilen, Bändern, Schmuck etc., sollten Sie kleine Schraubdeckelgläser unbedingt aufbewahren. Die Deckel werden zunächst mit Sprühlack verschönert, bevor sie durch kleine aufgeklebte Plastiktierchen der Hingucker im Kinderzimmer werden.

Patchworkdecke

Wenn die kleine Baby-Schmusedecke ausgedient hat, ist ein Ersatz dringend notwendig. Wie wäre es, wenn Sie aus schönen Stoffresten eine große Kuscheldecke (2,00 m x 1,40 m) nähen, die Sie vielleicht noch den Farben des Kinderzimmers anpassen. Wer es sich etwas leichter machen möchte, der hat die Möglichkeit, Stoffe im Patchwork-Look zu kaufen. Die fertige Decke hat dann die Patchwork-Optik und Sie haben sich viel Arbeit gespart, da lediglich zwei große Stoffstücke miteinander verstürzt werden müssen.

Beachten Sie, dass das Volumenvlies, welches zwischen den beiden äußeren Stofflagen liegt, in einer maximalen Breite von 1,40 m im Handel angeboten wird. Diese Breite sollten Sie also beim Zuschneiden Ihrer Stoffstreifen nicht überschreiten. Planen Sie eine Deckenlänge von 1,90 m. Für die Vorderseite können Sie Stoffstreifen in verschiedenen Breiten zuschneiden, für die Rückseite können Sie ein durchgängiges Stoffstück verwenden.

So wird's gemacht

1. Je nach Größe der Decke schneiden Sie so viele Stoffstreifen von maximal 1,40 m Länge zu, so dass die Decke nach dem Zusammennähen eine Gesamtlänge von 1,90 m hat. Denken Sie beim Zuschneiden an 1 cm Nahtzugabe an den langen Seiten der Streifen.

2. Alle Stoffstreifen an ihren langen Kanten rechts auf rechts zusammennähen und jede Naht sorgfältig auseinanderbügeln.

3. Für die Paspeln, die als Kontraststreifen zwischengefasst werden, bügeln Sie jeweils einen 4 cm breiten Stoffstreifen links auf links und fassen ihn beim Zusammennähen von zwei Stoffstreifen mit in die Naht.

4. Haben Sie alle Streifen für die Vorderseite der Decke aneinandergenäht, legen Sie diese mit der linken Stoffseite auf das Volumenvlies. Stecken Sie sie ganzflächig mit Nadeln fest. Anschließend den Stoff knappkantig, also ca. 3-4 mm breit, auf dem Vlies festnähen.

5. Das überstehende Volumenvlies ringsum abschneiden.

6. Die fertige Vorderseite rechts auf rechts auf den Stoff für die Rückseite legen und auch diese beiden Stofflagen wieder mit Nadeln ringsum feststecken.

7. Nun die beiden Deckenhälften an den Außenkanten aufeinandernähen, dabei eine ungefähr 30 cm breite Öffnung zum Wenden offen lassen. Die Nahtzugaben an den Ecken schräg abschneiden.

8. Die Decke wenden, die Ecken vorsichtig mit einer Schere von innen herausdrücken, die Kanten bügeln und die Öffnung mit Handstichen zunähen.

9. Im Abstand von 2 cm alle äußeren Kanten absteppen, damit die Stofflagen und das Volumenvlies beim Waschen nicht verrutschen.

Material

verschiedene Baumwollstoffe, Gesamtmenge ca. 4,10 m
1 x Volumenvlies, 1,40 m x 1,90 m

Kinderschürze

Für kleine Küchenhelfer

Diese Schürze, ein wichtiges Kleidungsstück für die tatkräftige Unterstützung beim Kochen und Backen, ist einfach zu nähen und über viele Jahre einsatzbereit. Anfangs mag die Schürze bei Kleidergröße 104 vielleicht noch ein wenig groß sein, dafür haben die Kinder über Jahre Freude daran. Auch für ungeübte Hobbynäher sollte dieses Projekt keine größere Herausforderung sein. Schmücken Sie die aufgesetzte Tasche mit besonders schönen Litzen oder auch Applikationen.

Material

Baumwollstoff: 70 cm
Faltenlitze: 15 cm

Zuschnitt

Das Schürzenteil wie rechts angegeben zuschneiden

Tasche: 12 cm x 15 cm

Armausschnitte: 2 Schrägstreifen, 3,5 cm x 35 cm

2 Bindebänder: 10 cm x 70 cm

Nackenband: 6 cm x 50 cm

So wird's gemacht

1. Die Schrägstreifen zum Verstürzen der Armausschnitte durch Bügeln und gleichzeitiges Ziehen in eine leicht runde Form bringen. Eine lange Seite des Streifens versäubern.

2. Die Streifen rechts auf rechts an die Armausschnitte nähen, anschließend die Nahtzugaben auf 2–3 mm zurückschneiden und die Rundungen bis kurz vor die Nahtlinie einschneiden. Den Schrägstreifen dann auf die Rückseite umlegen, die Kante überbügeln und ca. 1 cm breit feststeppen.

3. Die Seitennähte zweimal ca. 1 cm breit nach innen einschlagen, überbügeln und festnähen.

4. Die obere Kante sowie den Saum ca. 3 cm nach links umbügeln und 2,5 cm breit feststeppen.

So wird's gemacht

5. Die Bindebänder und das Nackenband für die obere Kante an beiden langen Seiten 1 cm nach links umbügeln. Dann den Stoffstreifen über die gesamte Länge kantengleich links auf links falten und die Nahtzugabe an einer Schmalseite nach innen einschlagen. Die Bänder absteppen und an die Schürze nähen.

6. Die Faltenlitze an die obere Taschenkante nähen. Anschließend alle Kanten der Tasche 1 cm nach links umbügeln. Die Tasche mit Nadeln auf der Schürze fixieren und knappkantig festnähen.

5

6

Spielzeugsack

Kleiner Ordnungshüter

Ob Bauklötze, Legosteine, Puppenkleider oder kleine Tiere vom Bauernhof, in diesen Sack (25 cm x 30 cm) passt allerlei Kleinkram, der gern auf dem Fußboden des Kinderzimmers herumliegt. Der Sack wird wattiert, das heißt, es wird eine Schicht Volumenvlies aufgebügelt, die dem Ordnungshüter Stabilität verleiht.

Material

Baumwollstoff/Innenseite: 80 cm
Baumwollstoff/Außenseite: 80 cm
Volumenvlies: 80 cm
Zackenlitze: 35 cm

Zuschnitt

Aus Baumwollstoff

2 Säckchenteile: 32 cm x 60 cm
4 Blenden: 32 cm x 8 cm
2 Griffe: 10 cm x 25 cm

Aus Volumenvlies

2 Blenden: 32 cm x 8 cm
1 Säckchenteil: 32 cm x 60 cm

So wird's gemacht

1. Das Volumenvlies durch ein Bügeltuch hindurch auf die linke Stoffseite des Außensäckchens bügeln oder mit Nadeln feststecken.

2. Das Schnittteil dann diagonal absteppen.

3. Die beiden Blendenteile rechts auf rechts an die Schmalseiten steppen, die Nahzugaben ins Säckchen bügeln.

4. Die Seitennähte schließen und die Nahtzugaben auseinanderbügeln. Die Arbeitsschritte 2 bis 4 auch für den Innensack durchführen, hier aber an einer Seite einen Bereich von ca. 8 cm zum Wenden offen lassen. Die untere Mittelnaht einbügeln.

5. Am Außensäckchen die Zackenlitze auf die Teilungsnaht steppen.

6. Die Seitennähte des Außensacks und die eingebügelte Mittelnaht deckungsgleich aufeinanderlegen und 16 cm breit absteppen (siehe Zeichnung). Diesen Arbeitsgang auch am Innensäckchen durchführen.

7. Innen- und Außensäckchen rechts auf rechts ineinanderziehen und entlang der oberen Kante aufeinandersteppen. Das Säckchen durch die Öffnung an der Seitennaht wenden und die Naht an der oberen Kante flachbügeln. Die Öffnung am Innensack mit einigen Handstichen zunähen.

8. An den Griffen die Nahtzugaben an allen langen Seiten 1 cm nach links umbügeln, dann nochmals längs zur Hälfte falten und knappkantig absteppen.

9. Die Griffe jeweils 2 cm von der Seitennaht entfernt feststeppen.

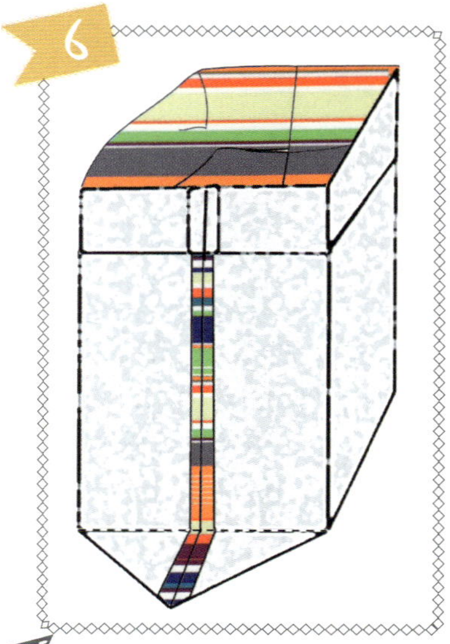

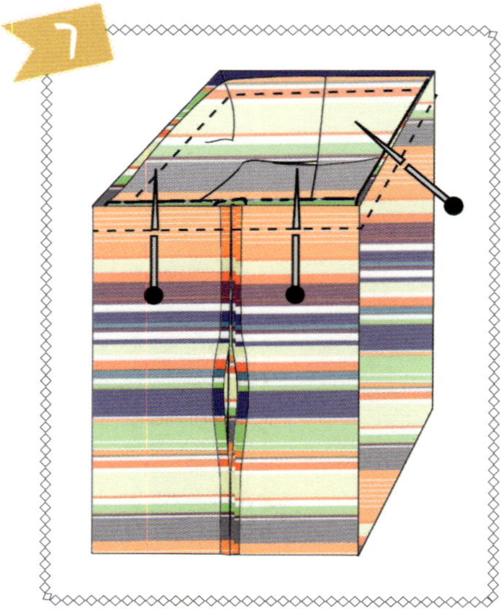

Mini-Wäscheleine

Diese kleine Dekoidee für das Mädchen-Kinderzimmer lässt Freude aufkommen und kann ganz schnell und leicht umgesetzt werden. Bekleben Sie größere Papp-este mit farblich aufeinander abgestimmten Stoffen und schneiden Sie daraus viele kleine und unterschiedliche Kleidchenformen zu. Die Pappe sollte dünn, aber sehr stabil sein. Das Aufkleben der Stoffe gelingt mit Sprühkleber perfekt und gewährleistet eine dauerhafte Verbindung zwischen Stoff und Pappe. Die Schnittmuster (70–72) finden Sie auf Seite 87.

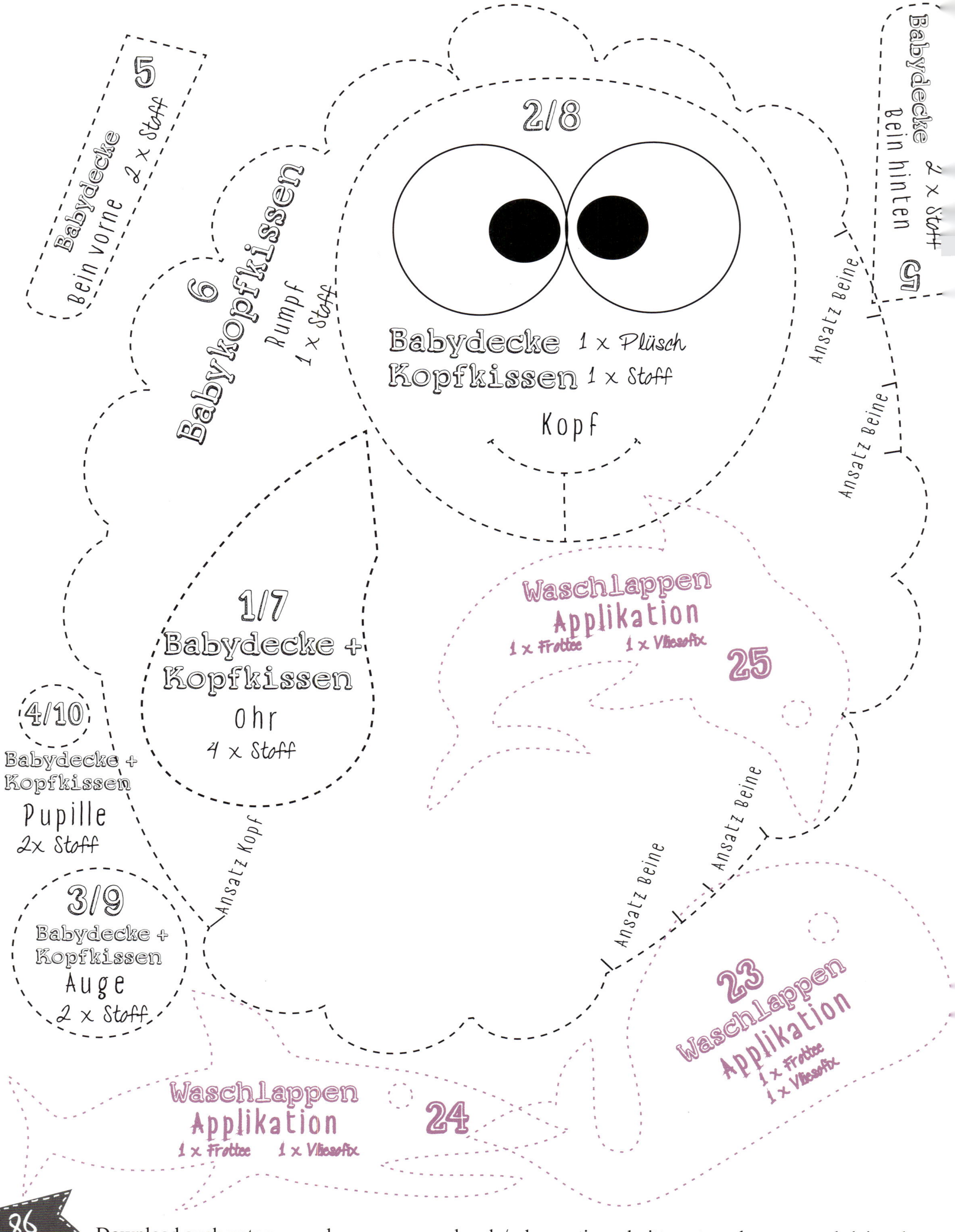
5
Babydecke
Bein vorne
2 x Stoff
6
Babykopfkissen
Rumpf
1 x Stoff
2/8
Babydecke 1 x Plüsch
Kopfkissen 1 x Stoff
Kopf
Babydecke
Bein hinten
2 x Stoff
5
Ansatz Beine
Ansatz Beine
Ansatz Beine
1/7
Babydecke +
Kopfkissen
Ohr
4 x Stoff
Waschlappen
Applikation
1 x Frottee 1 x Vliesofix
25
4/10
Babydecke +
Kopfkissen
Pupille
2x Stoff
3/9
Babydecke +
Kopfkissen
Auge
2 x Stoff
Ansatz Kopf
Ansatz Beine
Ansatz Beine
23
Waschlappen
Applikation
1 x Frottee
1 x Vliesofix
Waschlappen
Applikation
1 x Frottee 1 x Vliesofix
24

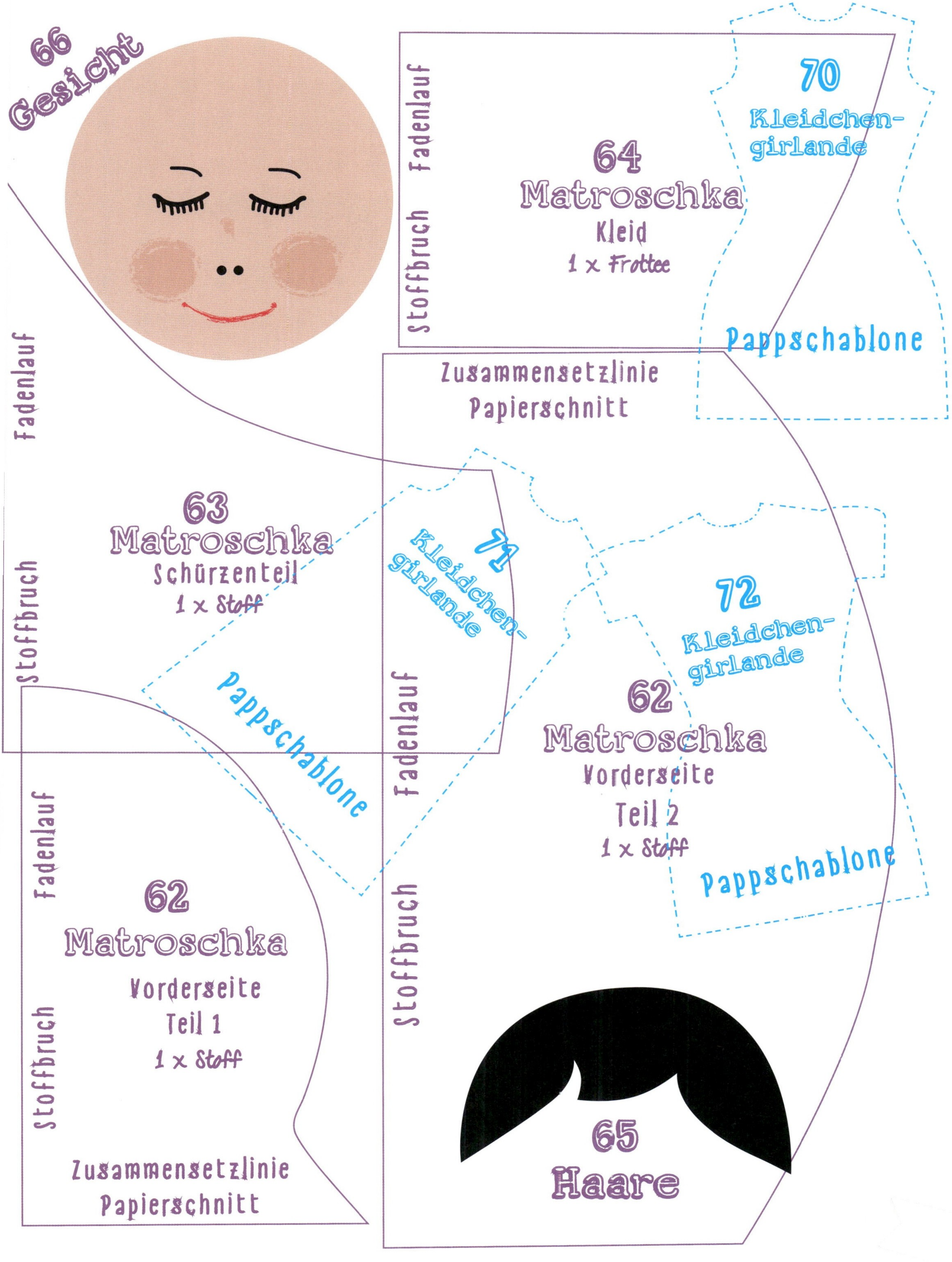
66
Gesicht
64
Matroschka
Kleid
1 x Frottee
Fadenlauf
Stoffbruch
70
Kleidchen-
girlande
Pappschablone
Zusammensetzlinie
Papierschnitt
Fadenlauf
63
Matroschka
Schürzenteil
1 x Stoff
Stoffbruch
71
Kleidchen-
girlande
Pappschablone
72
Kleidchen-
girlande
Fadenlauf
62
Matroschka
Vorderseite
Teil 2
1 x Stoff
Pappschablone
Stoffbruch
Fadenlauf
62
Matroschka
Vorderseite
Teil 1
1 x Stoff
Stoffbruch
Zusammensetzlinie
Papierschnitt
65
Haare

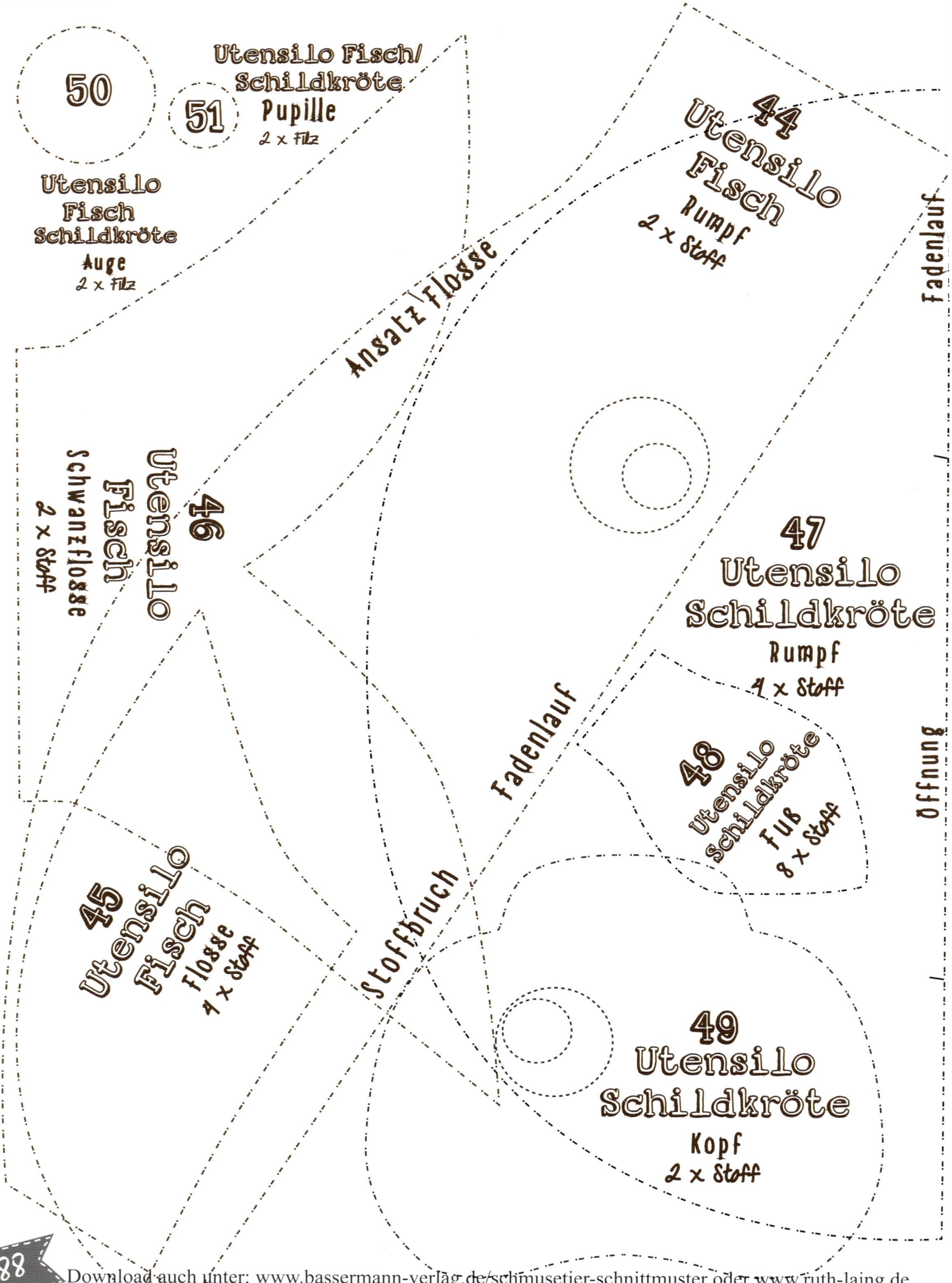
50
51
Utensilo Fisch/ Schildkröte
Pupille
2 x Filz
Utensilo Fisch Schildkröte
Auge
2 x Filz
44
Utensilo Fisch
Rumpf
2 x Stoff
Fadenlauf
Ansatz Flosse
46
Utensilo Fisch
Schwanzflosse
2 x Stoff
47
Utensilo Schildkröte
Rumpf
1 x Stoff
Öffnung
Fadenlauf
48
Utensilo Schildkröte
Fuß
8 x Stoff
45
Utensilo Fisch
Flosse
1 x Stoff
Stoffbruch
49
Utensilo Schildkröte
Kopf
2 x Stoff

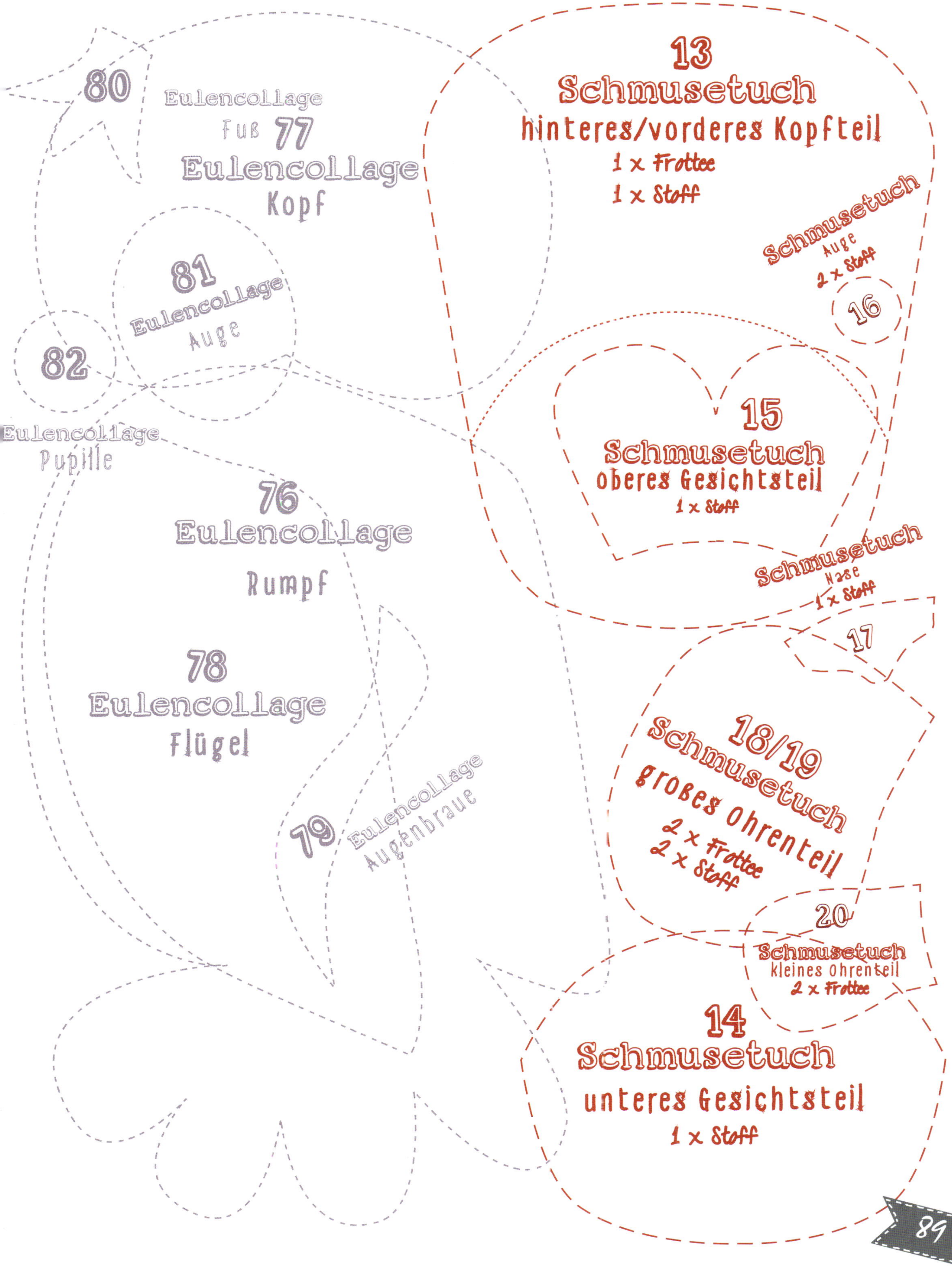
80
Eulencollage
Fuß
77
Eulencollage
Kopf
81
Eulencollage
Auge
82
Eulencollage
Pupille
76
Eulencollage
Rumpf
78
Eulencollage
Flügel
79
Eulencollage
Augenbraue
13
Schmusetuch
hinteres/vorderes Kopfteil
1 x Frottee
1 x Stoff
Schmusetuch
Auge
2 x Stoff
16
15
Schmusetuch
oberes Gesichtsteil
1 x Stoff
Schmusetuch
Nase
1 x Stoff
17
18/19
Schmusetuch
großes Ohrenteil
2 x Frottee
2 x Stoff
20
Schmusetuch
kleines Ohrenteil
2 x Frottee
14
Schmusetuch
unteres Gesichtsteil
1 x Stoff

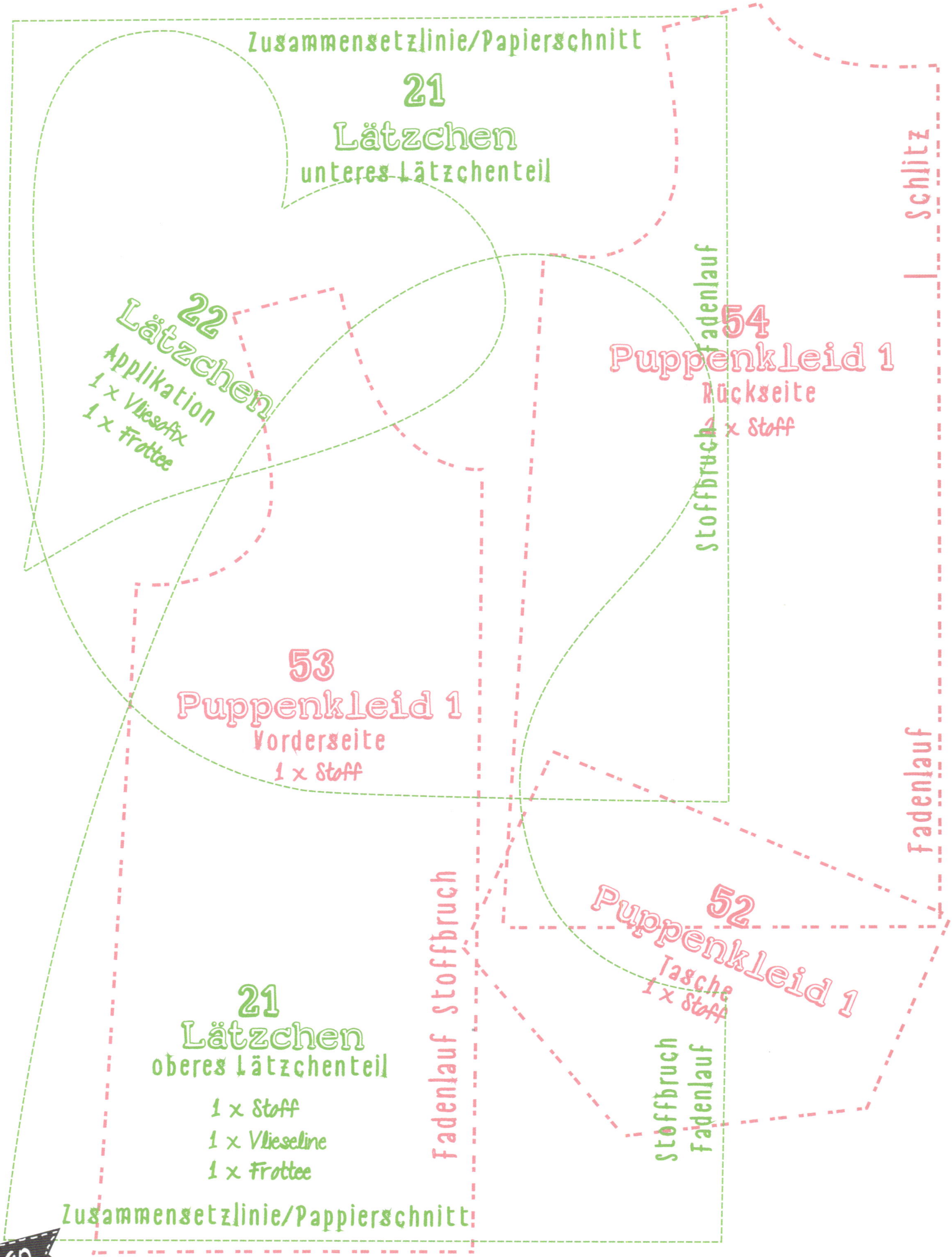
Zusammensetzlinie/Papierschnitt
21
Lätzchen
unteres Lätzchenteil
22
Lätzchen
Applikation
1 × Vliesofix
1 × Frottee
Fadenlauf
Stoffbruch
54
Puppenkleid 1
Rückseite
2 × Stoff
Schlitz
Fadenlauf
53
Puppenkleid 1
Vorderseite
1 × Stoff
52
Puppenkleid 1
Tasche
1 × Stoff
Fadenlauf Stoffbruch
Stoffbruch
Fadenlauf
21
Lätzchen
oberes Lätzchenteil
1 × Stoff
1 × Vlieseline
1 × Frottee
Zusammensetzlinie/Pappierschnitt

Ansatz Rockteil

55

Puppenkleid 2

hinteres und vorderes Oberteil

1 x Stoff

Schulterlinie

Schulterlinie

Ansatz Rockteil

Ansatz Rockteil

Anstoßlinie

31

Schmusetier Eule

Schnabel

2 x Stoff

rechteck

30

Schmusetier Eule

Fuß

4 x Stoff

27

Schmusetier Eule

Rumpfteil

1 x Stoff

28

Schmusetier Eule

Kopfteil/Frottee

1 x Frottee

32

Schmusetier Eule

Auge

2 x Stoff

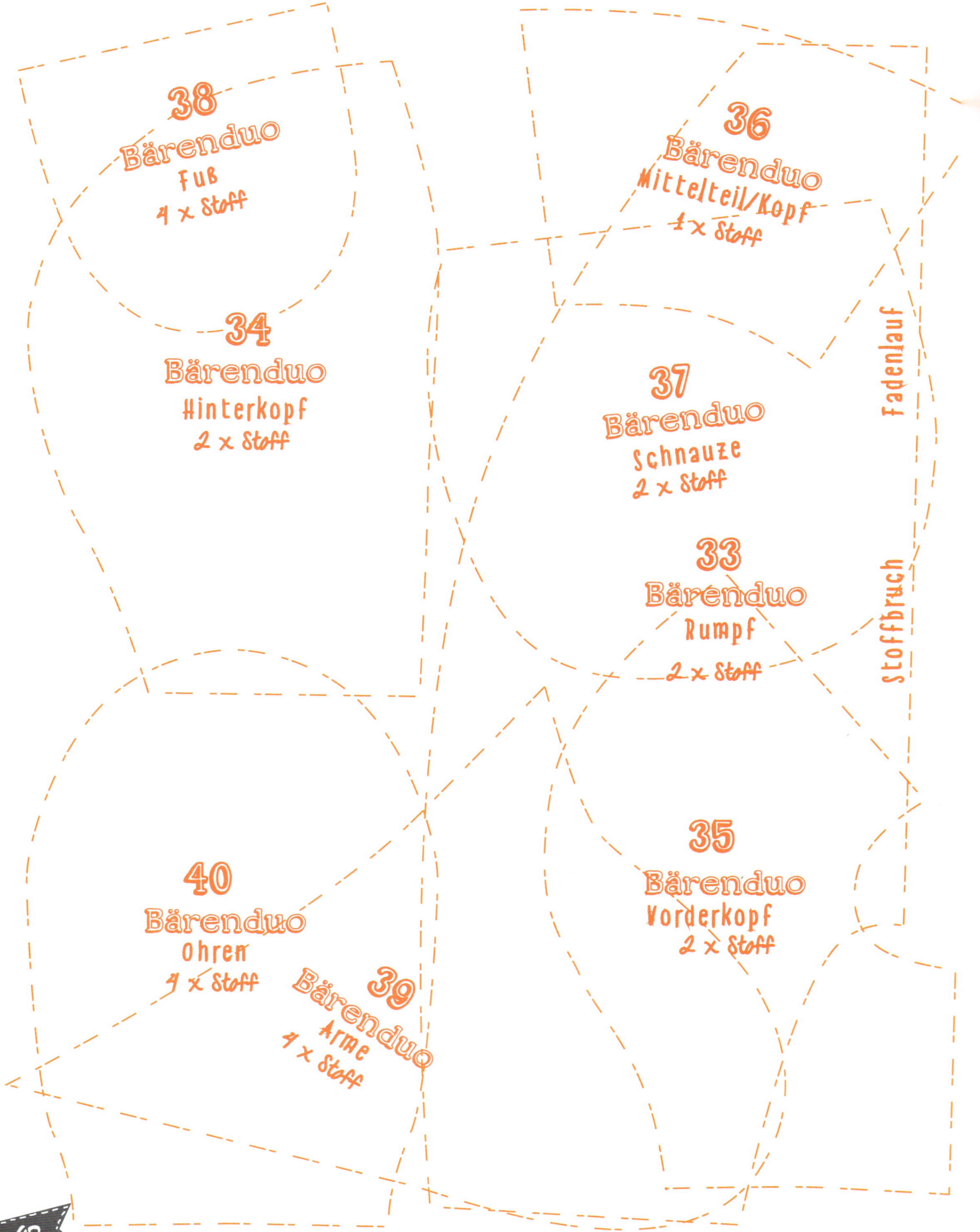
38
Bärenduo
Fuß
4 x Stoff
36
Bärenduo
Mittelteil/Kopf
1 x Stoff
34
Bärenduo
Hinterkopf
2 x Stoff
37
Bärenduo
Schnauze
2 x Stoff
Fadenlauf
33
Bärenduo
Rumpf
2 x Stoff
Stoffbruch
35
Bärenduo
Vorderkopf
2 x Stoff
40
Bärenduo
Ohren
4 x Stoff
39
Bärenduo
Arme
4 x Stoff

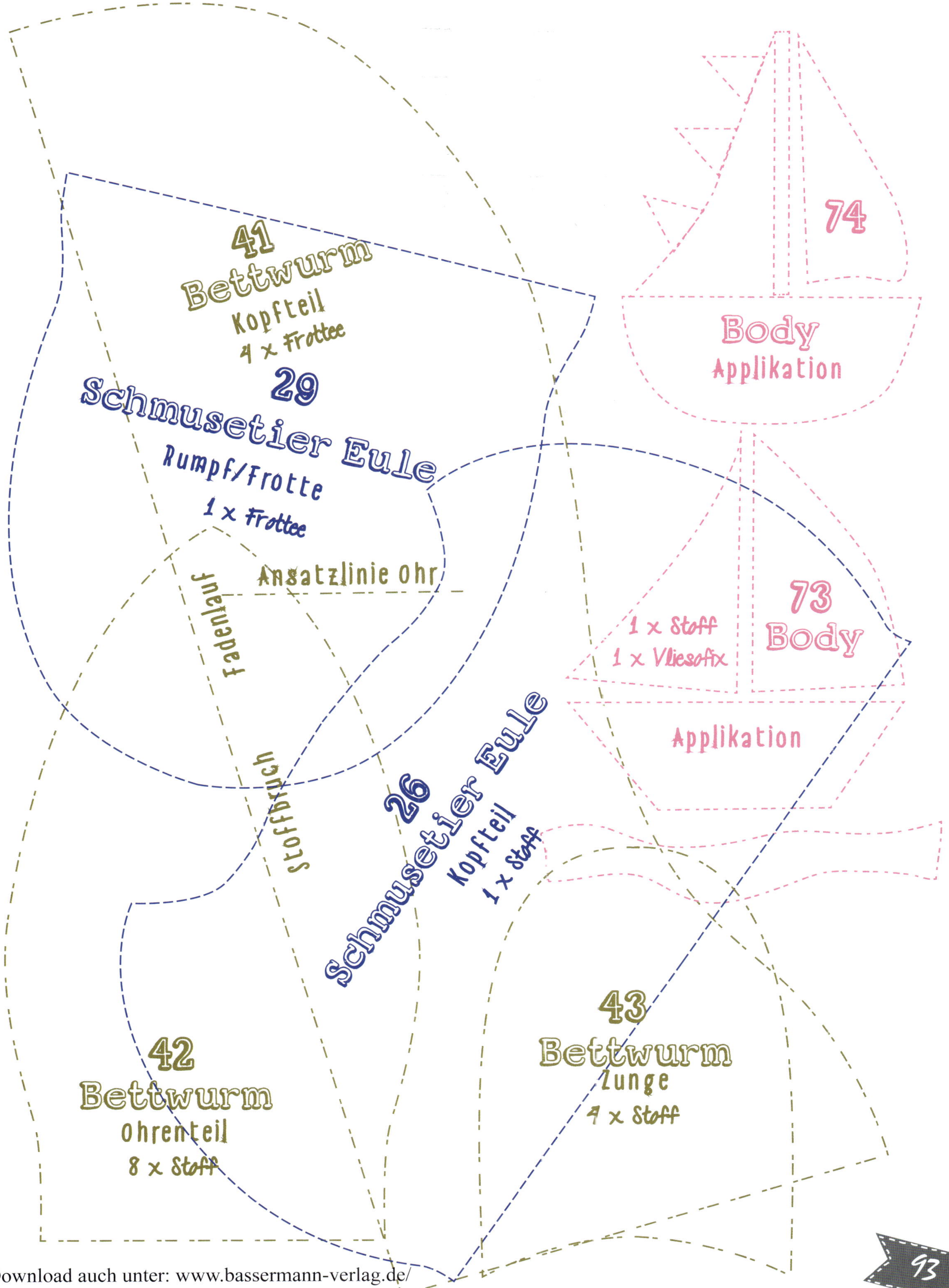

Download auch unter: www.bassermann-verlag.de/
schmusetier-schnittmuster oder www.ruth-laing.de

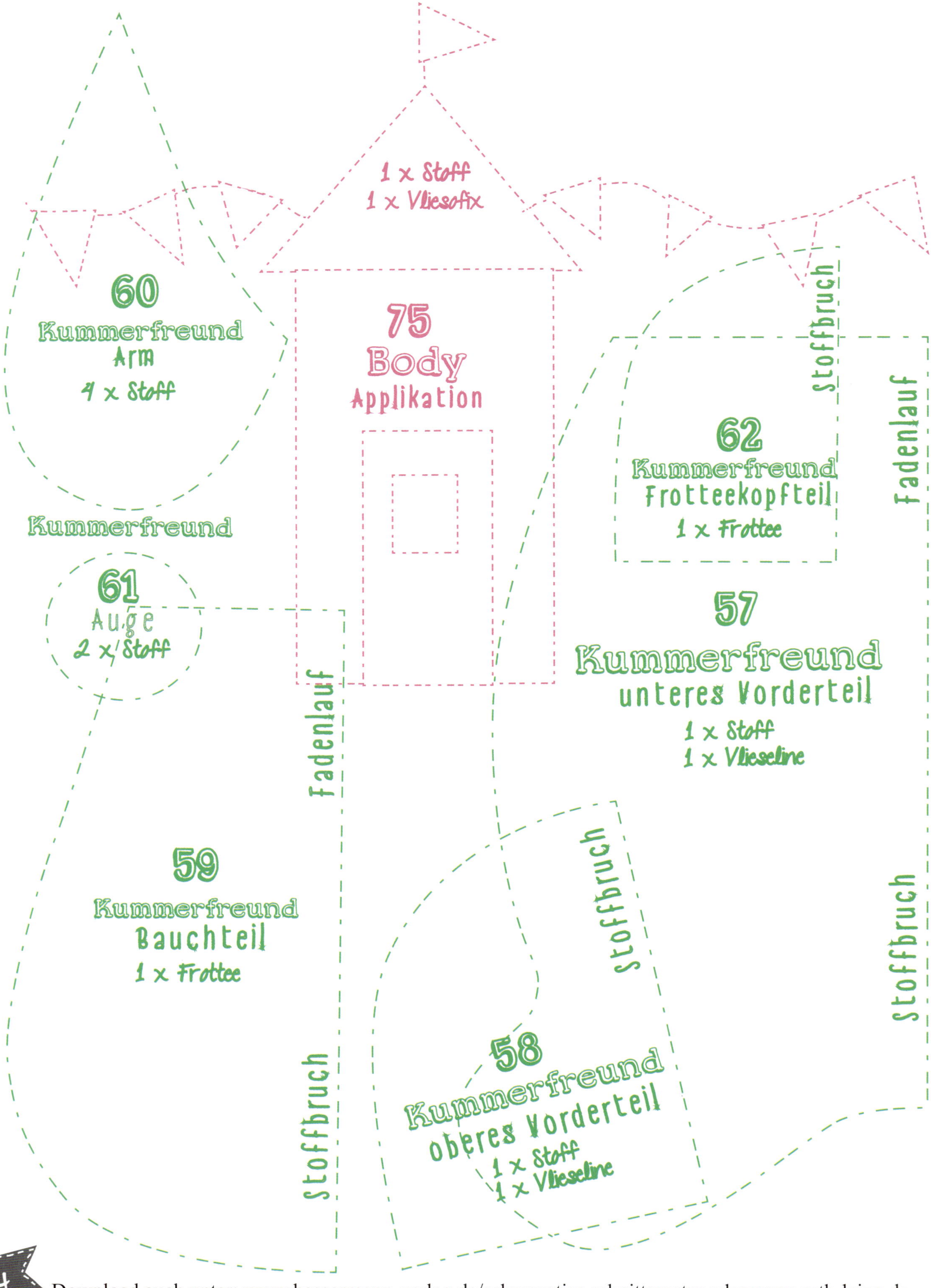
1 x Stoff
1 x Vliesofix
60
Kummerfreund
Arm
4 x Stoff
75
Body
Applikation
62
Kummerfreund
Frotteekopfteil
1 x Frottee
Stoffbruch
Fadenlauf
Kummerfreund
61
Auge
2 x Stoff
57
Kummerfreund
unteres Vorderteil
1 x Stoff
1 x Vlieseline
Fadenlauf
59
Kummerfreund
Bauchteil
1 x Frottee
Stoffbruch
Stoffbruch
58
Kummerfreund
oberes Vorderteil
1 x Stoff
1 x Vlieseline
Stoffbruch

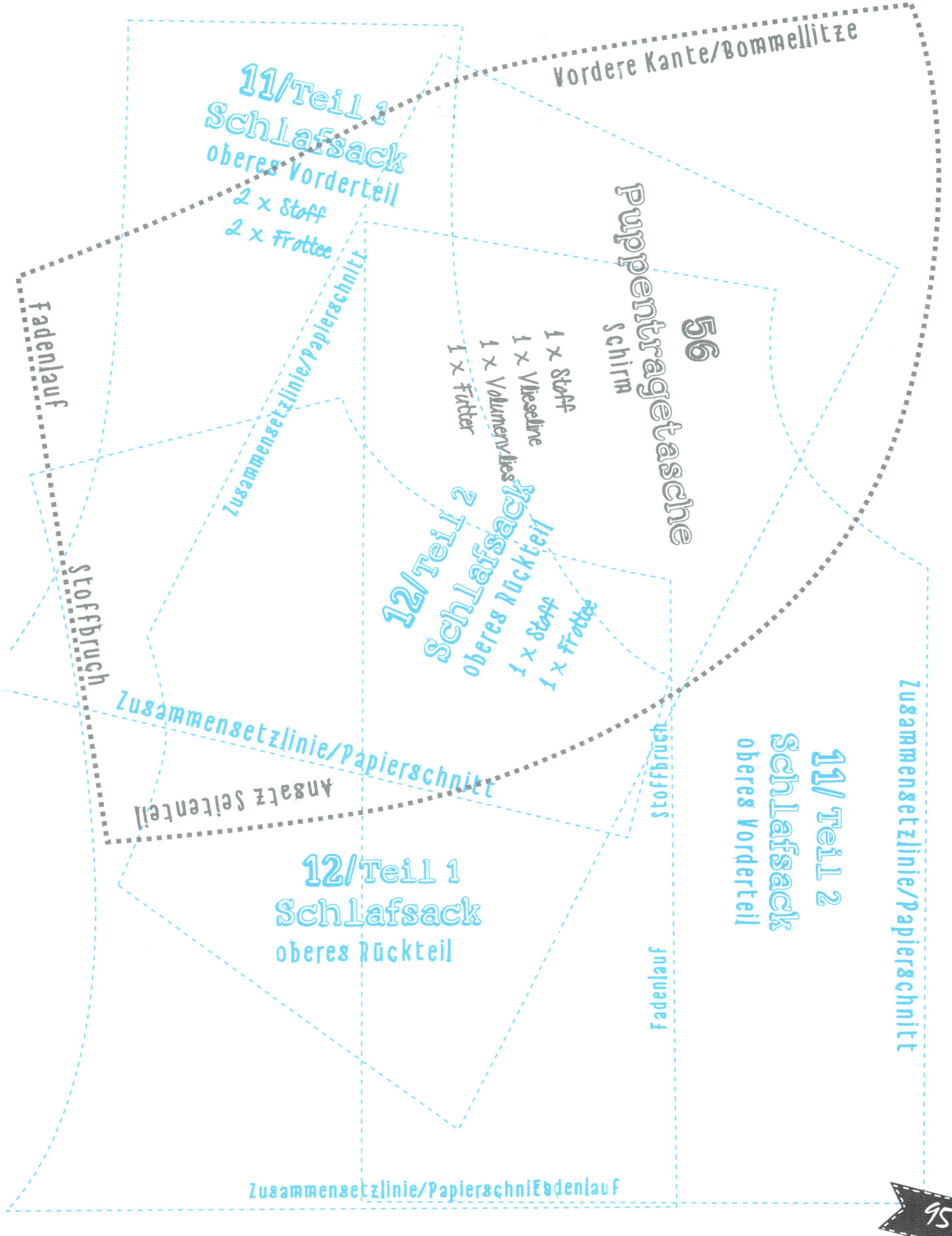
11/Teil 1
Schlafsack
oberes Vorderteil
2 x Stoff
2 x Frottee
Vordere Kante/Bommellitze
56
Puppentragetasche
Schirm
1 x Stoff
1 x Vlieseline
1 x Volumenvlies
1 x Futter
Fadenlauf
Zusammensetzlinie/Papierschnitt
12/Teil 2
Schlafsack
oberes Rückteil
1 x Stoff
1 x Frottee
Stoffbruch
Zusammensetzlinie/Papierschnitt
Ansatz Seitenteil
Stoffbruch
11/Teil 2
Schlafsack
oberes Vorderteil
Zusammensetzlinie/Papierschnitt
12/Teil 1
Schlafsack
oberes Rückteil
Fadenlauf
Zusammensetzlinie/Papierschnitt
Fadenlauf

Danke

Mein ganz besonderer Dank geht an die Kinder und deren Eltern, ohne die die Umsetzung zu diesem Buch nicht möglich gewesen wäre.
Danke für die Hilfsbereitschaft und die Geduld, die alle Beteiligten gezeigt haben.
Die gute Laune, die jedes Kind zum Fotoshooting mitbrachte, war einmalig und hat mich häufig zum Lachen gebracht. Es war toll mit euch...

Bedanken möchte ich mich auch bei Frau Dr. Hahner, Frau Mayr und Frau Storz für die professionelle Hilfe, die unkomplizierte Zusammenarbeit und die vielen Tipps, die zum Gelingen dieses Buches beigetragen haben.
Ein ganz großer Dank geht auch an meine Tocher Franziska, die mich bei den Zeichnungen und dem Layout tatkräftig unterstützt hat.